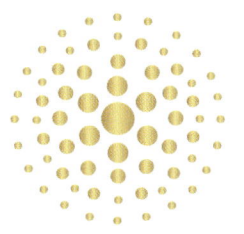

바로보인
전 傳
등 燈
록 錄

26

농선 대원 역저

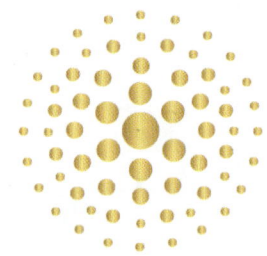

이 원상은 농선 대원 선사님께서 직접 그리신 것으로 모든 불성이 서로 상즉해 공존하는 원리를 담은 것이다.

선 심(禪心)

누리 삼킨 참나를
낙화(落花)로 자각(自覺)
떨어지는 물소리로 웃고 가는 길
돌에서 꽃에서도 님이 맞는다

 정맥 선원의 문젠 마크는 농선 대원 선사님께서 마음을 상징하는 달(moon)과 그 마음을 깨달아 마음이 내가 된 삶인 선(zen)을 평화의 상징인 비둘기로 형상화 하신 것이다.

교조 석가모니 부처님과
부처님으로부터 직계로 내려온
불조정맥 78대 조사들의
진영과 전법게

 불조정맥

　　불조정맥이란 석가모니 부처님으로부터 현 78대 조사에 이르기까지 스승에게 깨달음의 인증인 인가를 받아 법을 전하라는 부촉을 받은 전법선사의 맥이다. 여기에 실린 불조진영과 전법게는 농선 대원 선사님께서 다년간 수집 정리하여 기도와 관조 끝에 완성하여 수립하신 것이다. 각 선사의 진영과 함께 실린 전법게는 스승으로부터 직접 전해 받은 게송이다. 단, 석가모니 부처님 진영에 실린 게송은 석가모니 부처님의 게송이다.

교조 석가모니 부처님

환화라고 하는 것 근본 없어 생긴 적도 없어서	幻化無因亦無生
모두가 스스로 이러-해서 본다 함도 이러-하네	皆則自然見如是
모든 법도 스스로 화한 남, 아닌 것이 없어서	諸法無非自化生
환화라 하지만 남이 없어 두려워할 것도 없네	幻化無生無所畏

제1조   마하가섭 존자

법이라는 본래 법엔 법이랄 것 없으나　　法本法無法
법이랄 것 없다는 법, 그 또한 법이라　　無法法亦法
이제 법이랄 것 없음을 전해줌에　　　　今付無法時
법이라는 법인들 그 어찌 법이랴　　　　法法何曾法

제2조   아난다 존자

법이란 법 본래의 법이라　　　　　　　法法本來法
법도 없고 법 아님도 없으니　　　　　無法無非法
어떻게 온통인 법 가운데　　　　　　　何於一法中
법 있으며 법 아닌 것 있으랴　　　　　有法有非法

제3조   상나화수 존자

본래의 법 전함이 있다 하나　　　　　本來付有法
전한 말에 법이랄 것 없다 했네　　　　付了言無法
각자가 스스로 깨달으라　　　　　　　各各須自悟
깨달으면 법 없음도 없다네　　　　　　悟了無無法

제4조   우바국다 존자

법 아니고 마음도 아니어서　　　　　非法亦非心
맘이랄 것, 법이랄 것 없나니　　　　無心亦無法
마음이다, 법이다 설할 때는　　　　　說是心法時
그 법은 마음법이 아니로다　　　　　是法非心法

제5조   제다가 존자

마음이란 스스로인 본래의 마음이니　　心自本來心
본래의 마음에는 법 있는 것 아니로다　本心非有法
본래의 마음 있고 법이란 것 있다 하면　有法有本心
마음도 아니요 본래 법도 아니로다　　非心非本法

제6조 미차가 존자

본래의 마음법을 통달하면	通達本心法
법도 없고, 법 아님도 없도다	無法無非法
깨달으면 깨닫기 전과 같아	悟了同未悟
마음이니, 법이니 할 것 없네	無心亦無法

제7조 바수밀 존자

맘이랄 것 없으면 얻음도 없어서	無心無可得
설함에 법이라 이름할 것도 없네	說得不名法
만약에 맘이라 하면 마음 아님 깨달으면	若了心非心
비로소 마음인 마음법 안다 하리	始解心心法

제8조 불타난제 존자

가없는 마음으로	心同虛空界
가없는 법 보이니	示等虛空法
가없음을 증득하면	證得虛空時
옳고 그른 법이 없다	無是無非法

제9조 복타밀다 존자

허공이 안팎 없듯	虛空無內外
마음법도 그러하다	心法亦如此
허공이치 요달하면	若了虛空故
진여이치 통달하네	是達眞如理

제10조 파율습박(협) 존자

진리란 본래에 이름할 수 없으나	眞理本無名
이름에 의하여 진리를 나타내니	因名顯眞理
받아 얻은 진실한 법이라고 하는 것	受得眞實法
진실도 아니요, 거짓도 아니로세	非眞亦非僞

제11조　부나야사 존자

참된 몸 스스로 이러-히 참다우니	眞體自然眞
참됨을 설함으로 인해 진리란 것 있다 하나	因眞說有理
참답게 참된 법을 깨달아 얻으면	領得眞眞法
베풀 것도 없으며 그칠 것도 없다네	無行亦無止

제12조　아나보리(마명) 존자

미혹과 깨침이란 숨음과 드러남 같다 하나	迷悟如隱顯
밝음과 어둠이 서로가 여읠 수 없는 걸세	明暗不相離
이제 숨음이 드러난 법 부촉한다지만	今付隱顯法
하나도 아니요, 둘도 또한 아니로세	非一亦非二

제13조　가비마라 존자

숨었느니 드러났느니 하지만 본래의 법에는	隱顯卽本法
밝음과 어두움이 원래에 둘 아니라	明暗元不二
깨달아 마친 법을 전한다고 하지만	今付悟了法
취함도 아니요, 여읨도 아니로세	非取亦非離

제14조　나가르주나(용수) 존자

숨을 수도, 드러날 수도 없는 법이라 함	非隱非顯法
이것이 참다운 실제를 말함이니	說是眞實際
숨음이 드러난 법 깨달았다 하나	悟此隱顯法
어리석음도 아니요 지혜로움도 아니로다	非愚亦非智

제15조　가나제바 존자

숨었느니 드러났느니 하면 법에 밝다 하랴	爲明隱顯法
밝게 해탈의 이치를 설하려면	方說解脫理
저 법에 증득한 바도 없는 마음이어야 하니	於法心不證
성낼 것도 없으며 기쁠 것도 없다네	無嗔亦無喜

제16조   라후라타 존자

본래에 법을 전할 사람 대해　　　　本對傳法人
해탈의 진리를 설하나　　　　　　　爲說解脫理
법엔 실로 증득한 바 없어서　　　　於法實無證
마침도 비롯함도 없느니라　　　　　無終亦無始

제17조   승가난제 존자

법에는 진실로 증득한 바 없어서　　於法實無證
취함도 없으며 여읨도 없느니라　　　不取亦不離
법에는 있다거나 없다는 상도 없거늘　法非有無相
안이니 밖이니 어떻게 일으키리　　　內外云何起

제18조   가야사다 존자

맘 바탕엔 본래에 남 없거늘　　　　心地本無生
바탕의 인, 연을 쫓아 일으키나　　　因地從緣起
연과 종자 서로가 방해 없어　　　　緣種不相妨
꽃과 열매 그 또한 그러하네　　　　華果亦復爾

제19조   구마라다 존자

마음의 바탕에 지닌 종자 있음에　　有種有心地
인과 연이 능히 싹 나게 하지만　　　因緣能發萌
저 연에 서로가 걸림이 없어서　　　於緣不相礙
마땅히 난다 해도 남이 남 아니로세　當生生不生

제20조   사야다 존자

성품에는 본래에 남 없건만　　　　性上本無生
구하는 사람 대해 설할 뿐　　　　　爲對求人說
법에는 얻은 바 없거늘　　　　　　於法旣無得
어찌 깨닫고, 깨닫지 못함을 둘 것인가　何懷決不決

제21조　바수반두 존자

말 떨어지자마자 무생에 계합하면	言下合無生
저 법계와 성품이 함께 하리니	同於法界性
만일 능히 이와 같이 깨친다면	若能如是解
궁극의 이변 사변 통달하리	通達事理竟

제22조　마노라 존자

물거품과 환 같아 걸릴 것도 없거늘	泡幻同無礙
어찌하여 깨달아 마치지 못했다 하는가	如何不了悟
그 가운데 있는 법을 통달하면	達法在其中
지금도 아니요, 옛 또한 아니니라	非今亦非古

제23조　학륵나 존자

마음이 만 경계를 따라서 구르나	心隨萬境轉
구르는 곳마다 실로 능히 그윽함에	轉處實能幽
성품을 깨달아서 흐름을 따르면	隨流認得性
기쁠 것도 없으며 근심할 것도 없네	無喜亦無憂

제24조　사자보리 존자

마음의 성품을 깨달음에	認得心性時
사의할 수 없다고 말하나니	可說不思議
깨달아 마쳐서는 얻음 없어	了了無可得
깨달아선 깨달았다 할 것 없네	得時不說知

제25조　바사사다 존자

깨달음의 지혜를 바르게 설할 때에	正說知見時
깨달음의 지혜란 이 마음에 갖춘 바라	知見俱是心
지금의 마음이 곧 깨달음의 지혜요	當心卽知見
깨달음의 지혜가 곧 지금의 함일세	知見卽于今

제26조   불여밀다 존자

성인이 말하는 지견은	聖人說知見
경계를 맞아서 시비 없네	當境無是非
나 이제 참성품 깨달음에	我今悟眞性
도랄 것도, 이치랄 것도 없네	無道亦無理

제27조   반야다라 존자

맘 바탕에 참성품 갖췄으나	眞性心地藏
머리도, 꼬리도 없으니	無頭亦無尾
인연 응해 만물을 교화함을	應緣而化物
지혜라고 하는 것도 방편일세	方便呼爲智

제28조   보리달마 존자

마음에서 모든 종자 냄이여	心地生諸種
일(事)로 인해 다시 이치 나느니라	因事復生理
두렷이 보리과가 원만하니	果滿菩提圓
세계를 일으키는 꽃 피우리	華開世界起

제29조   신광 혜가 대사

내가 본래 이 땅에 온 것은	吾本來此土
법을 전해 중생을 구함일세	傳法救迷情
한 송이에 다섯 꽃잎 피리니	一花開五葉
열매 맺음 자연히 이뤄지리	結果自然成

제30조   감지 승찬 대사

본래의 바탕에 연 있으면	本來緣有地
바탕의 인에서 종자 나서 꽃핀다 하나	因地種華生
본래엔 종자가 있은 적도 없어서	本來無有種
꽃핀 적도 없으며 난 적도 없다네	華亦不曾生

제31조　대의 도신 대사

꽃과 종자 바탕으로 인하니	華種雖因地
바탕을 쫓아서 종자와 꽃을 내나	從地種華生
만약에 사람이 종자 내림 없으면	若無人下種
남 없어 바탕에 꽃핀 적도 없다 하리	華地盡無生

제32조　대만 홍인 대사

꽃과 종자 성품에서 남이라	華種有生性
바탕으로 인해서 나고 꽃피우니	因地華生生
큰 연과 성품이 일치하면	大緣與性合
그 남은 나도 남 아니로세	當生生不生

제33조　대감 혜능 대사

정 있어 종자를 내림에	有情來下種
바탕 인해 결과 내어 영위하나	因地果還生
정이랄 것도 없고 종자랄 것도 없어서	無情旣無種
만물의 근원인 도의 성품엔 또한 남도 없네	無性亦無生

제34조　남악 회양 전법선사

마음의 바탕에 모든 종자 머금어져	心地含諸種
널리 비 내림에 모두 다 싹트도다	普雨悉皆生
단박에 깨달아 정을 다한 꽃피움에	頓悟華情已
보리의 과위가 스스로 이뤄졌네	菩提果自成

제35조　마조 도일 전법선사

마음의 바탕에 모든 종자 머금어져	心地含諸種
비와 이슬 만남에 모두 다 싹이 트나	遇澤悉皆萌
삼매의 꽃핌이라 형상이 없거늘	三昧華無相
무엇이 무너지고 무엇이 이뤄지랴	何壞復何成

제36조   백장 회해 전법선사

마음 외에 본래에 다른 법이 없거늘　　　心外本無法
부촉함이 있다 하면 마음법이 아닐세　　有付非心法
원래에 마음법 없음을 깨달은　　　　　　既知非法心
이러-한 마음법을 그대에게 부촉하네　　如是付心法

제37조   황벽 희운 전법선사

본래에 말로는 부촉할 수 없는 것을　　　本無言語囑
억지로 마음의 법이라 전함이니　　　　　强以心法傳
그대가 원래에 받아 지닌 그 법을　　　　汝旣受持法
마음의 법이라고 다시 어찌 말하랴　　　心法更何言

제38조   임제 의현 전법선사

마음의 법 있으면 병이 있고　　　　　　病時心法在
마음의 법 없으면 병도 없네　　　　　　不病心法無
내 부촉한 마음의 법에는　　　　　　　　吾所付心法
마음의 법 있는 것 아니로세　　　　　　不在心法途

제39조   흥화 존장 전법선사

지극한 도는 간택함이 없으니　　　　　　至道無揀擇
본래의 마음이라 향하고 등짐이 없느니라　本心無向背
이 같음을 감당해 이으려는가?　　　　　便如此承當
봄바람에 곤한 잠을 더하누나　　　　　　春風增瞌睡

제40조   남원 혜옹 전법선사

대도는 온통 맘에 있다지만　　　　　　　大道全在心
맘에 구함 있으면 그르치네　　　　　　　亦非在心求
그대에게 부촉한 자심의 도에는　　　　　付汝自心道
기쁨도 근심도 없느니라　　　　　　　　無喜亦無憂

제41조　풍혈 연소 전법선사

나 이제 법 없음을 말하노니	我今無法說
말한 바가 모두 다 법 아니라	所說皆非法
법 없는 법 지금에 부촉하니	今付無法法
이 법에도 머무르지 말아라	不可住于法

제42조　수산 성념 전법선사

말한 적도 없어야 참법이니	無說是眞法
이 말함은 원래에 말함 없네	其說元無說
나 이제 말한 적도 없을 때	我今無說時
말함이라 말한들 말함이랴	說說何曾說

제43조　분양 선소 전법선사

예로부터 말함 없음 부촉했고	自古付無說
지금의 나 또한 말함 없네	我今亦無說
다만 이 말함 없는 마음을	只此無說心
모든 부처 다 같이 말한 바네	諸佛所共說

제44조　자명 초원 전법선사

허공이 형상이 없다 하나	虛空無形像
형상도, 허공도 아닐세	形像非虛空
내 부촉한 마음의 법이란	我所付心法
공도 공한 공이어서 공 아닐세	空空空不空

제45조　양기 방회 전법선사

허공이 면목이 없듯이	虛空無面目
마음의 상 또한 이와 같네	心相亦如然
곧 이렇게 비고 빈 마음을	卽此虛空心
높은 중에 높다고 하는 걸세	可稱天中天

제46조　백운 수단 전법선사

마음의 본체가 허공같아	心體如虛空
법 또한 허공처럼 두루하네	法亦遍虛空
허공 같은 이치를 증득하면	證得虛空理
법도 아니요, 공한 맘도 아니로세	非法非心空

제47조　오조 법연 전법선사

도에는 나라는 나 원래 없고	道我元無我
도에는 맘이란 맘 원래 없네	道心元無心
오직 이 나라 함도 없는 법으로	唯此無我法
나라 함 없는 맘에 일체하네	相契無我心

제48조　원오 극근 전법선사

참나에는 본래에 맘이랄 것 없으며	眞我本無心
참마음엔 역시나 나랄 것 없으나	眞心亦無我
이러-히 참답게 참마음에 일체되면	契此眞眞心
나를 나라 한들 어찌 거듭된 나겠는가	我我何曾我

제49조　호구 소륭 전법선사

도 얻으면 자재한 마음이고	得道心自在
도 얻지 못하면 근심이라 하나	不得道憂惱
본래의 마음의 도 부촉함에	付汝自心道
기쁨도, 근심도 없느니라	無喜亦無惱

제50조　응암 담화 전법선사

맑던 하늘 구름 덮인 하늘 되고	天晴雲在天
비 오더니 젖어있는 땅일세	雨落濕在地
비밀히 마음을 부촉함이여	秘密付與心
마음법이란 다만 이것일세	心法只這是

제51조 밀암 함걸 전법선사

부처님은 눈으로써 별을 보고	佛用眼觀星
난 귀로써 소리를 들었도다	我用耳聽聲
나의 함이 부처님의 함과 같아	我用與佛用
내 밝음이 그대의 밝음일세	我明汝亦明

제52조 파암 조선 전법선사

부처와 더불어 중생의 보는 것이	佛與衆生見
원래 근본 부처인데 금 그은들 바뀌랴	元本佛隔線
그대에게 부촉한 본연의 마음법에는	付汝自心法
깨닫고 깨닫지 못함도 없느니라	非見非不見

제53조 무준 사범 전법선사

내가 만약 봄이 없다 할 때에	我若不見時
그대 응당 봄이 없이 보아라	汝應不見見
봄에 봄 없어야 본연의 봄이니	見見非自見
본연의 마음이 언제나 드러났네	自心常顯現

제54조 설암 혜랑 전법선사

진리는 곧기가 거문고줄 같다는데	眞理直如絃
어떻게 침묵이나 말로 다시 할 것인가	何默更何言
나 이제 그대에게 공교롭게 부촉하니	我今善付囑
밝힌 마음 본래에 얻음이 없는 걸세	表心本無得

제55조 급암 종신 전법선사

사람에겐 미혹하고 깨달음이 본래 없는데	本無迷悟人
미했느니 깨쳤느니 제 스스로 분별하네	迷悟自家計
젊어서 깨달았다 말이나 한다면	記得少壯時
늙어서까지라도 깨닫지 못할 걸세	而今不覺老

제56조   석옥 청공 전법선사

이 마음이 지극히 광대하여	此心極廣大
허공에 비할 수도 없다네	虛空比不得
이 도는 다만 오직 이러-하니	此道只如是
밖으로 찾음 쉬어 받아 지녔네	受持休外覓

제57조   태고 보우 전법선사

지극히 큰 이것인 이 마음과	至大是此心
지극히 성스러운 이것인 이 법이라	至聖是此法
등불과 등불의 광명처럼 나뉨 없음	燈燈光不差
이 마음 스스로가 통달해 마침일세	了此心自達

제58조   환암 혼수 전법선사

마음 중의 본연의 마음과	心中有自心
법 중의 지극한 법을	法中有至法
내가 지금 부촉한다 하나	我今可付囑
마음법엔 마음법이라 함도 없네	心法無心法

제59조   구곡 각운 전법선사

온통인 도, 마음의 광명이라 할 것도 없으나	一道不心光
과거, 현재, 미래와 시방을 밝힘일세	三際十方明
어떻게 지극히 분명한 이 가운데	何於明白中
밝음과 밝지 않음 있다고 하리오	有明有不明

제60조   벽계 정심 전법선사

나 지금 법 없음을 부촉하고	我無法可付
그대는 무심으로 받는다 하나	汝無心可受
전함 없고 받음 없는 맘이라면	無付無受心
누구라도 성취하지 못했다 하랴	何人不成就

제61조   벽송 지엄 전법선사

마음이 곧 깨달음의 마음이요	心卽能知心
법이 곧 깨달음의 법이라	法卽可知法
마음법을 마음법이라 전한다면	法心付法心
마음도, 법도 아닐세	非心亦非法

제62조   부용 영관 전법선사

조사와 조사가 법 없음을 부촉한다 하나	祖祖無法付
사람과 사람마다 본래 스스로 지님일세	人人本自有
그대는 부촉함도 없는 법을 받아서	汝受無付法
긴요히 뒷날에 전하도록 하여라	急着傳於後

제63조   청허 휴정 전법선사

참성품은 본래에 성품이라 할 것 없고	眞性本無性
참법은 본래에 법이라 할 것 없네	眞法本無法
법이니 성품이니 할 것 없음 깨달으면	了知無法性
어떠한 곳엔들 통달하지 못하랴	何處不通達

제64조   편양 언기 전법선사

법도 아니고 법 아님도 아니고	非法非非法
성품도 아니고 성품 아님도 아니며	非性非非性
마음도 아니고 마음 아님도 아님이	非心非非心
그대에게 부촉하는 궁극의 마음법일세	付汝心法竟

제65조   풍담 의심 전법선사

부처님이 전하신 꽃 드신 종지와	師傳拈花宗
내가 미소지어 보인 도리를	示我微笑法
친히 손수 그대에게 분부하니	親手分付汝
받들어 지녀 누리에 두루하게 하라	持奉遍塵刹

제66조 월담 설제 전법선사

깨달아선 깨달은 바 없으며	得本無所得
전해서는 전함 또한 없느니라	傳亦無可傳
전함도 없는 법을 부촉함이여	今付無傳法
동서가 온통한 하늘일세	東西共一天

제67조 환성 지안 전법선사

전하거나 받을 법이 없어서	無傳無受法
전하거나 받는다는 맘도 없네	無傳無受心
부촉하나 받은 바 없는 이여	付與無受者
허공의 힘줄마저 뽑아서 끊었도다	掣斷虛空筋

제68조 호암 체정 전법선사

연류에 따른 일단사여	沿流一段事
머리도 꼬리도 필경 없네	竟無頭與尾
사자새끼인 그대에게 부촉하니	付與獅子兒
사자후 천지에 가득케 하라	哨吼滿天地

제69조 청봉 거안 전법선사

서 가리켜 동에 그림이여	指西喚作東
풍악산의 뭇 봉우리로다	楓嶽山衆峰
불조의 이러한 법을	佛祖之此法
너에게 분부하노라	分付今日汝

제70조 율봉 청고 전법선사

머리도 꼬리도 없는 도리	無頭尾道理
오늘 그대에게 전해주니	今日傳授汝
이후로 보림을 잘 하여서	此後善保任
영원히 끊어짐이 없게 하라	永遠無斷絕

제71조　금허 법첨 전법선사

그믐날 근원에 돌아간다 말했으나　　　　晦日豫言爲還元
법신에 그 어찌 가고 옴이 있으랴　　　　法身何有去與來
푸른 하늘 해 있고, 못 가운데 연꽃일세　日在靑天池中蓮
이 법을 분부하니 끊어짐이 없게 하라　　此法分付無斷絶

제72조　용암 혜언 전법선사

'연꽃이 나왔다' 하여 보인 큰 도리를　　示出蓮之大道理
다시 또 뜰 밑 나무 가리켜 보여서　　　復亦指示庭下樹
후일의 크고 큰일 그대에게 부촉하니　　後日大事與咐囑
잘 지녀 보림하여 끊어짐 없게 하라　　保任善持無斷絶

제73조　영월 봉율 전법선사

사느니 죽느니 이 무슨 말들인고　　　　生也死也是何言
물밭엔 연꽃이고 하늘엔 해일세　　　　水田蓮花在天日
가없이 이러-해서 감출 수 없이 드러남　無邊無藏露如是
오늘 네게 분부하니 끊어짐 없게 하라　今日分付無斷絶

제74조　만화 보선 전법선사

봄산과 뜬구름을 동시에 보아라　　　　春山浮雲觀同時
중생들의 이익될 바 그 가운데 있느니라　普益衆生在其中
이 가운데 도리를 이제 네게 부촉하니　　此中道理今付汝
계승해 끊임없이 번성케 할지어다　　　　繼承無斷爲繁盛

제75조　경허 성우 전법선사

하늘의 뜬구름이 누설한 그 도리를　　　浮雲漏泄其道理
오늘날 선자에게 부촉하여 주노니　　　今日咐囑與禪子
철저하게 보림하여 모범을 보임으로　　保任徹底示模範
후세에 끊어짐이 없게 할 맘, 지니게나　後世無斷爲持心

제76조 만공 월면 전법선사

구름과 달, 산과 계곡이라, 곳곳에서 같음이여	雲月溪山處處同
선가의 나의 제자 수산의 큰 가풍일세	叟山禪子大家風
은근히 무문인을 그대에게 분부하니	慇懃分付無文印
이 기틀의 방편이 활안 중에 있노라	一段機權活眼中

제77조 전강 영신 전법선사

불조도 전한 바 없어서	佛祖未曾傳
나 또한 얻은 바 없음을…	我亦無所得
가을빛 저물어 가는 날에	此日秋色暮
뒷산의 원숭이가 울고 있네	猿嘯在後峰

제78대 농선 대원 전법선사

부처와 조사도 일찍이 전한 것이 아니거늘	佛祖未曾傳
나 또한 어찌 받았다 하며 준다 할 것인가	我亦何受授
이 법이 2천년대에 이르러서	此法二千年
널리 천하 사람을 제도하리라	廣度天下人

부처님으로부터 직계로 내려온 불조정맥 제78대 농선 대원 선사님

농선 대원 전법선사의 3대 서원

오로지 정법만을 깨닫기 서원합니다.
입을 열면 정법만을 설하기 서원합니다.
중생이 다하는 그날까지 교화하기 서원합니다.

성불사 국제정맥선원 대웅전

성불사 국제정맥선원은

농선 대원 선사님께서 주석하시는 곳으로

대원 선사님의 지도하에 비구스님들이

직접 지은 도량이다.

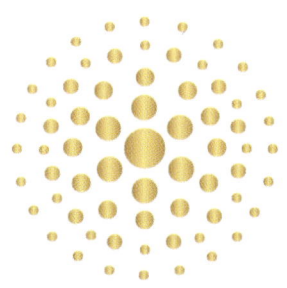

불교 8대 선언문

불교는 자신에게서 영생을 발견하게 한 유일한 종교이다.
불교는 자신에게서 모든 지혜를 발견하게 한 유일한 종교이다.
불교는 자신에게서 모든 능력을 발견하게 한 유일한 종교이다.
불교는 자신에게서 모든 것을 이루게 한 유일한 종교이다.
불교는 자신에게서 극락을 발견하게 한 유일한 종교이다.
불교는 깨달으면 차별 없어 평등하다는 유일한 종교이다.
불교는 모든 억압 없이 자신감을 갖게 한 유일한 종교이다.
불교는 그러므로 온 누리에 영원할 만인의 종교이다.

농선 대원 전법선사 주창

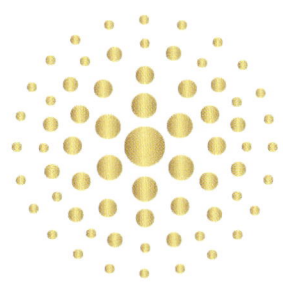

전세계의 불교계에서 통일시켜야 할 일

경전의 말씀대로 32상과 80종호를 갖춘 불상으로 통일해야 한다.

예불 드리는 법을 통일해야 한다.

불공의식을 통일해야 한다.

농선 대원 전법선사 주창

농선 대원 선사의 전등록 발간의 의의

　선문(禪文)이란 말 밖의 말로 마음을 바로 가리켜 깨닫게 하여 그 깨달은 마음 바탕에서 닦아 불지(佛地)에 이르게 하는 문(門)이다. 그러기에 지식이나 알음알이로는 헤아려 알 수 없는 것이어서 깨달아 증득하여 일체종지(一切種智)를 이룬 이가 아니고는 그 요지를 바로 보아 이끌어 줄 수 없다.

　지금 불교의 현실이 대본산 강원조차 이런 안목으로 이끌어 주는 선지식이 없어서 선종(禪宗) 최고의 공안집인 '전등록', '선문염송' 강의가 모두 폐강된 상황이다.
　이에 대원 선사님께서는 불조(佛祖)의 요지가 말이나 글에 떨어져 생사해탈의 길이 단절되는 것을 염려하여 깨달음의 법을 선리(禪理)에 맞게 바로 잡는 역경 작업에 혼신을 다하고 계신다.

　대원 선사님께서는 19세에 선운사 도솔암에서 활연대오한 후, 대선지식과의 법거량에서 한 치의 주저함도 없이 명쾌하게 응대하시니 당시 12대 선지식들께서 탄복해 마지않으셨다. 경봉 선사님과 조계종 지혜제일 전강 선사님과의 문답만을 보더라도 취모검과 같은 대원 선사님의 선지를 엿볼 수 있다.

맨 처음 통도사 경봉 선사님을 찾아뵈었을 때, 마침 늦가을 감나무에서 감을 따고 계신 경봉 선사님을 보자 감나무 주위를 한 번 돌고 서 있으니, 경봉 선사님께서 물으셨다.

"어디서 왔는가?"

"호남에서 왔습니다."

"무엇을 공부했는가?"

"선을 공부했습니다."

"무엇이 선이냐?"

"감이 붉습니다."

"네가 불법을 아는가?"

"알면 불법이 아닙니다."

위의 문답이 있은 후 경봉 선사님께서는 해제 법문을 대원 선사님께 맡기셨으나 대원 선사님께서는 아직 그럴 때가 아니라 여겨져 그 이튿날인 해제일 새벽 직전에 통도사를 떠나와 버리셨다.

또 광주 동광사에서 처음 전강 선사님을 뵈었을 때, 20대 초면의 젊은 승려인 대원 선사님께 전강 선사님께서 대뜸 '달마불식 도리'를 일러보라 하셨다. 대원 선사님께서 아무 말없이 다가가 전강 선사님의 목에 있는 점 위의 털을 뽑아 버리고 종무소로 가니, 전강 선사님께서 "여기 사람 죽이는 놈이 있다."하며 종무소까지 따라오다 방장실로 돌아가셨다.

그 이후 대원 선사님께서 군산 은적사에서 전강 선사님을 시봉하며 모시고 계실 때, 전강 선사님께서 또 물으셨다.

"공적의 영지를 일러라."

"이러-히 스님과 대담합니다."

"영지의 공적을 일러라."

"스님과 대담에 이러-합니다."

"이러-한 경지를 일러라."

"명왕은 어상을 내리지 않고 천하일에 밝습니다."

대원 선사님의 답에 전강 선사님께서는 희색이 만면해서 고개를 끄덕이며 당신 처소로 돌아가셨다.

이에 그치지 않고 전강 선사님께서 대구 동화사 조실로 계실 때, 대원 선사님께 말씀하셨다.

"대중들이 자네를 산으로 불러내어 그 중에 법성(조계종 종정 진제 스님)이 달마불식 도리를 일러보라 했을 때 '드러났다'라고 답했다는데, 만약에 자네가 양무제였다면 '모르오'라고 이르고 있는 달마 대사에게 어떻게 했겠는가?"

"제가 양무제였다면 '성인이라 함도 설 수 없으나 이러-히 짐의 덕화와 함께 어우러짐이 더욱 좋지 않겠습니까?'하며 달마 대사의 손을 잡아 일으켰을 것입니다."

그러자 전강 선사님께서 탄복하며 말씀하셨다.

"어느새 그 경지에 이르렀는가?"

"이르렀다곤들 어찌하며 갖추었다곤들 어찌하며 본래라곤들 어찌 하리까? 오직 이러-할 뿐인데 말입니다."

대원 선사님의 대답에 전강 선사님께서 크게 기뻐하셨다.

이와 같이 대원 선사님께서는 20대 초반에 이미 어떤 선지식의 물음에도 전광석화와 같이 답하셨으며 그 법을 씀이 새의 길처럼 흔적 없는 가운데 자유자재하셨다.

깨달음의 방편에 있어서는 육조 대사께서 마주 앉은 자리에서 사람들을 깨닫게 하셨듯이, 제자들을 제접해 직지인심(直指人心)으로 스스로의 마음에 사무쳐 들게 하여 근기에 따라 보림해 갈 수 있도록 이끌어주시니, 꺼져가는 정법의 기치를 바로 일으켜 세움이라 하겠다.

또한 선지식이라면 이변(理邊)에서 뿐만이 아니라 사변(事邊)에서도 먼 안목으로 인류가 무엇을 어떻게 대비하며 살아가야 할지를 예언하고 이끌어 주어야 한다고 하셨다.

그래서 1962년부터 주창하시기를, 전 세계가 21세기를 '사막 경영의 시대'로 삼아 사막화된 지역에 '사막 해수로 사업'을 하여 원하는 지역의 기후를 조절해야 하고, 자원을 소모하는 발전소 대신 파도, 태양열, 풍력 등의 대체 에너지와 무한 원동기를 개발해야 한다고 하셨다. 또, 도로를 발전소화하여 전기를 생산하는 방법 등을 구체적으로 제안하시고, 천재지변을 대비하여 각자의 집에서 농사를 짓는 '울안의 농법'을 연구하시는 등 만인이 더 나은 삶을 살 수 있는 길을 끊임없이 일러 주고 계신다.

　이와 같이 대원 선사님께서는 일체종지를 이룬 지혜로, '참나를 깨달아 마음이 내가 된 삶'을 위한 깨달음의 법으로부터 닥쳐오는 재난을 막고 지구를 가장 살기 좋은 세상으로 만드는 방편까지 늘 그 방향을 제시하고 계신다.

　한편, 불교의 최고 경전인 '화엄경 81권'을 완간하여 불보살님의 불가사의한 화엄세계를 열어 보이셨으며, 선문 최대의 공안집인 '선문염송 30권' 1,463칙에 대하여 석가모니 부처님 이래 최초로 전 공안을 맑은 물 밑바닥 보듯이 회통쳐 출간하셨다.

　이제 대원 선사님께서는 7불과 역대 조사들의 깨달음의 진수가 담긴 '전등록 30권'을 그런 혜안(慧眼)으로 조사마다 선리의 토끼뿔을 더해 닦아 증득할 수 있도록 밝혀 보이셨다. 그리하여 생사윤회길을 헤매는 중생들에게 해탈의 등불이 되고자 하셨으며, 불조(佛祖)의 정법이 후세에까지 끊어지지 않게 하여 부처님 은혜에 보답하고자 하셨다.

　부처님 가신 지 오래 되어 정법은 약하고 삿된 법이 만연한 지금, 중생이 다하는 날까지 중생을 구제하기 서원하는 대원 선사님과 같은 명안종사(明眼宗師)가 계심은 불보살님의 자비광명이 이 땅에 두루한 은덕이라 하겠다.

바로보인 불법 ㊸

전등록
傳燈錄

26

도서출판 문젠(구. 바로보인)은 정맥선원에서 운영하고 있습니다.

* 인제산(人濟山) 성불사(成佛寺) 국제정맥선원
  경기도 포천시 내촌면 소리개길 86-178 ☎ 031-531-8805
* 인제산(人濟山) 이문절 포천정맥선원
  경기도 포천시 내촌면 소리개길 86-123 ☎ 031-531-2433
* 백양산(白楊山) 자모사(慈母寺) 부산정맥선원
  부산시 동래구 아시아드대로 114번길 10 대륙코리아나 2층 212호 ☎ 051-503-6460
* 자모산(慈母山) 육조사(六祖寺) 청도정맥선원
  경북 청도군 매전면 동산리 산 50 ☎ 010-4543-2460
* 광암산(光巖山) 성도사(成道寺) 광주정맥선원
  광주광역시 광산구 삼도광암길 34 ☎ 062-944-4088
* 대통산(大通山) 대통사(大通寺) 해남정맥선원
  전남 해남군 화산면 송계길 132-98 중정마을 ☎ 061-536-6366

바로보인 불법 ㊸
전 등 록 26

초판 1쇄 펴낸날 단기 4354년, 불기 3048년, 서기 2021년 12월 30일

역   저 농선 대원 선사
펴 낸 곳 도서출판 문젠(Moonzen Press)
         11192, 경기도 포천시 내촌면 소리개길 86-178
         전화 031-534-3373 팩스 031-533-3387
신고번호 2010.11.24. 제2010-000004호

편집윤문출판 법심 최주희, 법운 정숙경
인디자인 전자출판 지일 박한재
한문원문대조 불장 곽병원
표 지 글 씨 춘성 박선옥
인   쇄 북크림

도서출판문젠 www.moonzenpress.com
정 맥 선 원 www.zenparadise.com
사막화방지국제연대(IUPD) www.iupd.org

ⓒ 문재현, 2021. Printed in Seoul, Republic of Korea
값 15,000원
ISBN 978-89-6870-626-4
ISBN 978-89-6870-600-4 04220(전30권)

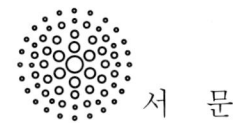 서 문

　전등록은 말 없는 말이며 말 밖의 말이라서 학식이나 재치만으로는 번역이 실로 불가능한 일이다. 그러기에 육조단경(六祖壇經)을 보면 법화경을 삼천 번이나 독송한 법달(法達)은 글 한 자 모르시는 육조(六祖)께 경의 뜻을 물었고, 글을 모르시는 육조께서는 법화경의 바른 뜻을 설파하셔서 법달을 깨닫게 하신 것이다.
　그런데 하루는 본인에게 법을 물으러 다니시던 부산의 목원 하상욱 본연님이 오셔서 시중에 나온 전등록 번역본 두세 가지를 보이시며 범인인 당신에게도 부처님과 조사님들의 본래 뜻에 맞지 않는 대문이 군데군데 눈에 뜨인다며 바른 의역의 필요성을 절감한다고 하셨다. 그 후로 전등록 번역을 바로 해주십사 하는 간청이 지극하여 비록 단문하나 이 일을 시작하게 되었다.
　부처님과 조사님들의 근본 뜻에 어긋남이 없게 하기 위해 노력하였으나 약속한 기간 내에 해내기란 실로 벅찬 일이어서 혹시 미비한 점이 없지 않으리니 강호 제현의 좋은 지적이 있기를 바란다.

불법(佛法)이란 본자연(本自然)이라 누가 설(說)하고 누가 듣고 배울 자리요만 그렇지 못한 이가 또한 있어서 부처님과 조사님들의 허물이 생기는 것이다.

어떤 것이 부처인고?
화분의 빨간 장미니라.

이 가운데 남전(南泉) 뜰꽃 도리(道理)며 한산(寒山) 습득(拾得)의 웃음을 누릴진저.

단기(檀紀) 4354년
불기(佛紀) 3048년
서기(西紀) 2021년

무등산인 농선 대원 분향근서
(無等山人 弄禪 大圓 焚香謹書)

양억(楊億)의 경덕전등록 서문

석가모니께서 일찍이 연등 부처님의 수기를 받아, 현겁(賢劫)의 보처(補處)가 되어 이 땅에 탄강하시고 법을 펴서 교화하시기가 49년이었으니 방편과 진리, 돈오(頓悟)와 점수(漸修)의 문호를 여시고, 헤아릴 수 없이 많은 다양한 교법을 내려 주셨다.

근기(根機)에 따라 진리를 깨닫게 하신 데서 삼승(三乘)의 차별이 생겼으니, 사물에 접하는 대로 중생을 이롭게 하여 한량없는 중생을 제도하셨다. 그 자비는 넓고 컸으며 그 법식(法式)은 두루 갖추어져 있었다.

쌍림(雙林)에서 열반에 드실 때 가섭(迦葉)에게만 유촉하신 것이 차츰차츰 전하여 달마에 이르러서 비로소 문자를 세우지 않고 마음의 근원을 곧바로 보이게 되었으니, 차례를 밟지 않고 당장에 부처의 경지에 오르게 되어 다섯 잎[1]이 비로소 무성하고 천 개의 등불[2]이 더욱 찬란하여서, 보배 있는 곳에 이른 이는 더욱 많고, 법의 바퀴를 굴린 이도 하나가 아니었다.

부처님께서 부촉하신 종지와 정법안장(正法眼藏)이 유통되는 도리는 교리 밖에서 따로 행해지는 불가사의(不可思議)한 것이다.

태조(太祖)께서 거룩하신 무력으로 전란을 진압하신 뒤에 사찰을 숭상하여 제도의 문을 활짝 여셨고, 태종(太宗)께서 밝으신 변재로 비밀한 법을 찬술하시어 참된 이치를 높이셨으며, 황상(皇上)[3]께서 높으신 학덕으로 조사의 뜻을 이어 거룩한 가르침에 머릿말을 쓰셔 종풍(宗風)을 잇게 하시니, 구름 같은 문장이 진리의 하늘에 빛나고, 부처의 황금같은 설법

---

1) 다섯 잎 : 중국 선종의 2조 혜가로부터 6조 혜능에 이르는 다섯 조사를 말한다.
2) 천 개의 등불 : 중국에 선법(禪法)이 전해진 이후 등장한 수많은 견성도인들을 말한다.
3) 황상(皇上) : 송의 진종(眞宗)을 말한다.

이 깨달음의 동산에 펼쳐졌다.

  대장경의 말씀에 비밀히 계합하고, 인도로부터의 법맥이 번창하니, 뭇 선행을 늘리는 이가 더욱 많아졌고, 요의(了義)[4]를 전하는 사람들이 간간이 나타나서 원돈(圓頓)의 교화가 이 지역에 퍼졌다.

  이에 동오(東吳)의 승려인 도원(道原)이 선열(禪悅)의 경지에 마음을 모으고, 불법의 진리를 샅샅이 찾으며, 여러 세대의 조사 법맥을 찾고, 제방의 어록(語錄)을 모아 그 근원과 법맥에 차례를 달고, 말씀들을 차례차례 엮되, 과거 7불로부터 대법안(大法眼)의 문도에 이르기까지 무릇 52세대, 1,701인을 수록하여 30권으로 만들어 경덕전등록이라 하여 대궐로 가지고 와서 유포해 주기를 청하였다.

  황상께서는 불법을 밖으로부터 보호하고자 하시고, 승려들의 부지런함을 가상히 여겨 마음가짐을 신중히 하고 생각을 원대히 하여 좌사간(左司諫) 지제고(知制誥) 양억(楊億)과 병부원외랑(兵部員外郎) 지제고(知制誥) 이유(李維)와 태상승(太常丞) 왕서(王曙) 등을 불러 교정케 하시니, 신(臣) 등은 우매하여 삼학(三學)[5]의 근본 뜻을 모르고 5성(五性)[6]의 방편에 어두우며, 훌륭한 번역 솜씨도 없고, 비야리 성에서 보인 유마 거사의 묵연(默然) 도리[7]에도 둔하건만 공손히 지엄하신 하명(下命)을 받들어 감히 끝내 사양하지 못하였다.

  그 저술된 내용을 두루 살펴보면 대체로 진공(眞空)[8]으로써 근본을 삼고 있고, 옛 성인께서 도에 들던 인연을 서술할 때나 옛 사람이 진리를 깨달은 이야기를 표현할 땐 근기와 인연의 계합함이 마치 활쏘기와 칼쓰

---

4) 요의(了義) : 일을 다 마친 도리, 깨달아서 깨달음마저 두지 않는 경지를 말한다.
5) 삼학(三學) : 계(戒), 정(定), 혜(慧).
6) 5성(五性) : 법상종의 용어. 일체중생의 근기를 다섯 성품으로 나누어서 성불할 근기와 성불하지 못할 근기로 나누었다.
7) 유마 거사의 묵연 도리 : 유마 거사가 비야리성에서 그를 문병하러 온 문수보살과 법담을 할 때 잠자코 말이 없음으로 불이(不二)의 도리를 드러내 보인 일을 말한다.
8) 진공(眞空) : 색(色)이니 공(空)이니를 초월해서 누리는 경지.

기가 알맞는 것 같아 지혜가 갖추어진 데서 광명을 내어, 채찍 그림자만 보고도 달리는 말과 같은 상근기자(上根機者)들에게 널리 도움이 되고 있다.

후학(後學)들을 인도함에는 현묘한 진리를 드날리고 있고, 다른 이야기를 가져올 때에는 출처를 밝히고 있으며, 다듬어지지 않은 부분도 많으나 훌륭한 부분도 찾아볼 수 있었다. 모든 대사들이 대중에게 도리를 보일 때에 한결같은 소리로 펼쳐 보이고 있으니 영특한 이가 귀를 기울여 듣는다면 무수한 성인들이 증명한다 할 것이다. 개괄해서 들추어도 그것이 바탕이어서 한군데만 취해도 그대로가 옳다.

만일 별달리 더 붓을 댄다면 그 돌아갈 뜻을 잃을 것이다. 중국과 인도에서의 말이 이미 다르지 않은데 자칫하면 구슬에다 무늬를 새기려다 보배에 흠집을 낼 우려가 있기에, 이런 종류는 모두 그대로 두었다. 더욱이 일은 실제로 행한 것만을 취해 기록하여 틀림없이 잘 서술했으나 말이란 오래도록 남아 전해지는 까닭에 전혀 문장을 다듬지 않을 수는 없었다.

어떤 사연을 기록할 때엔 그 자취를 자세히 하였고 말이 복잡해지거나 이야기가 저속한 것이 있으면 모두 삭제하되 문맥이 통하게 하였다.

유교(儒敎)의 대신이나 거사(居士)의 문답에 이르러 벼슬자리와 성씨가 드러난 이는 연대와 역사에 비추어 잘못을 밝히고, 사적(史籍)에 따라 틀린 점을 바로잡아 믿을 만한 전기가 되게 하였다.

만일 바늘을 던져 맞추듯 한 치의 어긋남 없이 도리를 밝히는 일이 아니거나, 번갯불이 치듯 빠른 기틀을 내보이는 일이 아니거나, 묘하게 밝은 참 마음을 보이는 일이 아니거나, 고(苦)와 공(空)의 깊은 이치를 조사(祖師)의 뜻 그대로 기술(記述)하는 일이 아니라면, 어떻게 등불을 전한다는 전등(傳燈)이라는 비유에 계합(契合)하는 그 극진한 공덕을 베풀 수 있었겠는가?

만일 감응(感應)한 징조만을 서술하거나 참문하고 행각한 자취만을 기록한다 할 것 같으면 이는 이미 승사(僧史)에 밝혀져 있는 것이니, 어찌

서 선가(禪家)의 말씀을 굳이 취하겠는가? 세대와 계보의 명칭을 남긴 것만이 아니라 스승과 제자가 이어지는 근거를 널리 기록하였다.

  그러나 옛날 책에 실린 것을 보면 잘 다듬어지지 않은 내용을 수록하고 잘 다듬어진 것은 버린 일이 있는데, 다른 기록에 남아 있으면 해당하는 문장을 찾아 보완하고, 더욱 널리 찾아서 덧붙이기도 하였다. 또한 서문과 논설에 이르러 혹 옛 조사(祖師)의 문장이 아닌 것이 사이사이 섞이어 공연히 군소리가 되었으면 모두 간추려서 다 깎아버렸으니, 이같이 하여 1년 만에 일이 끝났다.

  저희 신(臣)들은 성품과 식견이 우둔하고, 학문이 넓지 못하고, 기틀이 본래 얕고, 문장력은 부족하여 묘한 도리가 사람에게 달렸다고는 하나 마음에서 떠난 지 오래되고 깊은 진리를 나타내는 말이 세속에서 단절되어, 담벽을 마주한 듯 갑갑하게 지낸 적이 많았다. 과분하게도 추천해 주시는 은혜를 받았으나 아무 힘도 발휘하지 못했다. 편찬하는 일이 이미 끝났으므로 이를 임금님께 바친다. 그러나 임금님의 뜻에 맞지 않아, 임금님께서 거룩히 살펴보시는 데에 공연히 누만 끼치는 것이 아닌가 한다. 삼가 바친다.

                                한림학사조산대부행좌사간지제고동
                                  수국사판사관사주국남양군개국후식읍
                                  1천백호사자금어대신 양억 지음

景德傳燈錄序 昔釋迦文。以受然燈之夙記當賢劫之次補。降神演化四十九年。開權實頓
漸之門。垂半滿偏圓之教。隨機悟理。爰有三乘之差。接物利生。乃度無邊之眾。其悲濟
廣大矣。其軌式備具矣。而雙林入滅。獨顧於飲光。屈眴相傳。首從於達磨。不立文字直
指心源。不踐楷梯徑登佛地。逮五葉而始盛。分千燈而益繁。達寶所者蓋多。轉法輪者非
一。蓋大雄付囑之旨。正眼流通之道。教外別行不可思議者也。
聖宋啟運人靈幽贊。太祖以神武戡亂。而崇淨刹。闢度門。太宗以欽明禦辯。而述祕
詮。暢真諦。皇上睿文繼志而序聖教繹宗風。煥雲章於義天。振金聲於覺苑。蓮藏之言
密契。竺乾之緒克昌。殖眾善者滋多。傳了義者間出。圓頓之化流於區域。有東吳僧道原
者。冥心禪悅。索隱空宗。披弈世之祖圖。采諸方之語錄。次序其源派。錯綜其辭句。由
七佛以至大法眼之嗣。凡五十二世。一千七百一人。成三十卷。目之曰景德傳燈錄。詣闕
奉進冀於流布。
皇上為佛法之外護。嘉釋子之勤業。載懷重慎。思致悠久。乃詔翰林學士左司諫知制誥
臣楊億。兵部員外郎知制誥臣李維。太常丞臣王曙等。同加刊削。俾之裁定。臣等昧三學
之旨迷五性之方。乏臨川翻譯之能。懵毘邪語默之要。恭承嚴命。不敢牢讓。竊用探索匪
遑寧居。考其論譔之意。蓋以真空為本。將以述曩聖入道之因。標昔人契理之說。機緣交
激。若拄於箭鋒。智藏發光。旁資於鞭影。
誘道後學。敷暢玄猷。而捃摭之來。徵引所出。糟粕多在。油素可尋。其有大士。示
徒。以一音而開演。含靈聳聽。乃千聖之證明。屬概舉之是資。取少分而斯可。若乃別加
潤色失其指歸。既非華竺之殊言。頗近錯雕之傷寶。如此之類悉仍其舊。況又事資紀實。
必由於善敘。言以行遠。非可以無文。其有標錄事緣。縷詳軌跡。或辭條之紛糾。或言筌
之猥俗。並從刊削。俾之綸貫。
至有儒臣居士之問答。爵位姓氏之著明。校歲歷以愆殊。約史籍而差謬。鹹用刪去。以
資傳信。自非啟投針之玄趣。馳激電之迅機。開示妙明之真心。祖述苦空之深理。即何以
契傳燈之喻。施刮膜之功。若乃但述感應之徵符。專敘參遊之轍跡。此已標於僧史。亦奚
取於禪詮。聊存世系之名。庶紀師承之自然而舊錄所載。或掇粗而遺精。別集具存。當尋
文而補闕。率加采擷。爰從附益。逮於序論之作。或非古德之文。間廁編聯徒增楦釀（楦
釀二字出唐張燕公文集。謂冗長也）亦用簡別多所屏去。迄茲周歲方遂終篇。臣等性識媿
於冥煩。學問慚於涉獵。天機素淺。文力無餘。妙道在人。雖刻心而斯久。玄言絕俗。固
牆面以居多。濫膺推擇之私。靡著發揮之效。已克終於紬繹。將仰奉於清間。莫副宸襟空
塵睿覽。謹上。

　　　　　　　　　　　　　　　翰林學士朝散大夫行左司諫知制誥同
　　　　　　　　　　　　　　　修國史判史館事柱國南陽郡開國侯食邑
　　　　　　　　　　　　　　　一千百戶賜紫金魚袋臣楊億 撰

승려 희위(希渭)의 경덕전등록 재발간사

호주로(湖州路) 도량산(道場山) 호성만세선사(護聖萬歲禪寺)의 늙은 중 희위(希渭)는 본관이 경원로(慶元路) 창국주(昌國州)이며 성은 동(董)씨다.

어릴 때부터 고향의 성에 있는 관음선사(觀音禪寺)에 가서 절조(絶照) 화상을 스승으로 삼았고, 법명(法名)을 받게 되어 자계현(慈溪懸) 개수(開壽)의 보광선사(普光禪寺)에 가서 용원(龍源) 화상에 의해 머리를 깎고 중이 되었다.

그대로 오대율사(五臺律寺)로 가서 설애(雪涯) 화상에게 구족계를 받은 뒤에 짐을 꾸려 서쪽으로 향해 행각을 떠나 수행을 하다가 나중에 다시 은사이신 용원 화상을 만나 이 산으로 옮겨 왔다.

스승을 따라 배움에 참여하고 이로움을 구한 지 벌써 여러 해가 되었다. 항상 스승의 은혜를 생각하면서도 갚을 기회가 없었다. 그런데 삼가 윗대로부터의 부처와 조사들을 수록한 경덕전등록 30권을 보니 7불로부터 법안(法眼)의 법사(法嗣)에 이르기까지 전부 52세대(世代)인데, 경덕(景德)에서 연우(延祐) 병진년에 이르기까지 317년이나 지나서 옛 판본이 다 썩어버려 남아있지 않기 때문에 후학들이 보고 싶어도 볼 수가 없었다. 이에 발심하여 다시 간행한다.

홀연히 내 고향에 있는 천성선사(天聖禪寺)의 송려(松廬) 화상이 소장하고 있던, 여산(廬山)의 은암(隱庵)에서 찍은 옛 책이 가장 보존이 잘 된 상태로 입수되었는데, 아주 내 마음에 들었다. 마침내 병진(丙辰)년 정월 10일에 의발 등속을 모두 팔아 1만 2천여 냥을 얻었다. 그날 당장에 공인(工人)에게 간행할 것을 명하여 조사의 도리가 세상에 유포되게 하였다. 이 책은 모두 36만 7천 9백 17자이다. 그해 음력 12월 1일에야 공인의 작업이 끝났다.

당장에 300부를 인쇄하여 전당강(錢塘江) 남북지역과 안중(安衆)지역9)의 여러 명산(名山)의 방장(方丈)10)과 몽당(蒙堂)11)과 여러 요사(寮舍)12)에 한 부씩을 비치케 하여 온 세상의 도를 분변(分辨)하는 참선납자(參禪衲子)들이 참구하기에 편하도록 하였다. 이를 잘 이용하여 사은(四恩)13)을 갚고 아울러 삼유(三有)의 중생14)에게도 도움이 되기 바란다.

                대원(大元) 연우(延祐) 3년15) 음력 12월 1일
                늙은 중 희위(希渭)가 삼가 쓰고
                젊은 비구 문아(文雅)가 간행을 감독하고
                주지 비구 사순(士洵)이 간행하다.

---

9) 두 지역은 희위 스님의 고향인 호주(湖州)와 비교적 인접한 지역들이다.
10) 방장(方丈) : 절의 주지가 거처하는 방. 지금은 견성한 이가 아니더라도 주지를 맡고 있으나 그 당시에는 견성한 도인이라야 그 절의 주지를 맡았다. 따라서 방장에는 대체로 법이 높은 스님이 기거하는 경우가 대부분이었다.
11) 몽당(蒙堂) : 승사(僧寺)의 일에서 물러난 사람이 거처하는 방.
12) 요사(寮舍) : 절에서 대중이 숙식하는 방.
13) 사은(四恩) : 보시(布施), 자애(慈愛), 화도(化導), 공환(共歡)의 네가지 시은(施恩), 또는 부모(父母), 중생(衆生), 국왕(國王), 삼보(三寶)의 네가지 지은(知恩).
14) 삼유(三有)의 중생 : 욕계(慾界), 색계(色界), 무색계(無色界)의 삼계(三界)를 유전하는 미혹한 중생.
15) 서기 1316년.

차 례

서 문 35
양억(楊億)의 경덕전등록 서문 37
승려 희위(希渭)의 경덕전등록 재발간사 42
일러두기 50
26권 법계보 51

청원(靑原) 행사(行思) 선사의 9세 10세 11세 법손(法孫) 63

**길주(吉州) 청원산(靑原山) 행사(行思) 선사의 제9세
금릉(金陵) 승주(昇州) 청량(淸凉) 문익(文益) 선사의 법손 65**
   소주(蘇州) 천복원(薦福院) 소명(紹明) 선사 65
   택주(澤州) 고현원(古賢院) 근(謹) 선사 67
   선주(宣州) 홍복원(興福院) 가훈(可勳) 선사 70

홍주(洪州) 상람원(上藍院) 수눌(守訥) 선사　73
　　무주(撫州) 복선(覆船) 화상　76
　　항주(杭州) 봉선사(奉先寺) 법명(法明) 보조(普照) 법괴(法瓌)
　　선사　78
　　여산(廬山) 화성사(化城寺) 혜랑(慧朗) 선사　81
　　항주(杭州) 혜일(慧日) 영명사(永明寺) 통변(通辯) 도홍(道鴻)
　　선사(제3세 주지)　84
　　고려(高麗) 영감(靈鑒) 선사　88
　　형문(荊門) 상전(上泉) 화상　90
　　여산(廬山) 대림사(大林寺) 승둔(僧遁) 선사　92
　　지주(池州) 인왕원(仁王院) 연승(緣勝) 선사　94
　　여산(廬山) 귀종사(歸宗寺) 의유(義柔) 선사(제13세 주지)　96

앞의 양주(襄州) 청계(淸谿) 홍진(洪進) 선사의 법손　103
　　상주(相州) 천평산(天平山) 종의(從漪) 선사　103
　　여산(廬山) 원통원(圓通院) 연덕(緣德) 선사　106

앞의 금릉(金陵) 승주(昇州) 청량(淸凉) 휴복(休復) 선사의 법손　110
　　금릉(金陵) 승주(昇州) 봉선사(奉先寺) 정조(淨照) 혜동(慧同)
　　선사　110

앞의 무주(撫州) 용제산(龍濟山) 소수(紹修) 선사의 법손　113
　　하동(河東) 광원(廣原) 화상　113

앞의 형악(衡嶽) 남대(南臺) 수안(守安) 선사의 법손 116
　양주(襄州) 취령(鷲嶺) 선미(善美) 선사(제3세 주지) 116

앞의 장주(漳州) 융수원(隆壽院) 무일(無逸) 선사의 법손 119
　장주(漳州) 융수(隆壽) 법건(法騫) 선사 119

앞의 여산(廬山) 귀종사(歸宗寺) 도전(道詮) 선사의 법손 123
　균주(筠州) 구봉(九峯) 의전(義詮) 선사 123

앞의 미주(眉州) 황룡(黃龍) 계달(繼達) 선사의 법손 125
　미주(眉州) 황룡(黃龍) 화상(제2세 주지) 125

앞의 낭주(朗州) 양산(梁山) 연관(緣觀) 선사의 법손 128
　영주(郢州) 대양산(大陽山) 경현(警玄) 선사 128

길주(吉州) 청원산(靑原山) 행사(行思) 선사의 제10세
앞의 천태산(天台山) 덕소(德韶) 국사의 법손 133
　항주(杭州) 혜일(慧日) 영명사(永明寺) 지각(智覺) 연수(延壽) 선사 133
　온주(溫州) 대녕원(大寧院) 가홍(可弘) 선사 143
　소주(蘇州) 안국(安國) 장수원(長壽院) 붕언(朋彦) 대사 146
　항주(杭州) 오운산(五雲山) 화엄도량(華嚴道場) 지봉(志逢) 대사 150

항주(杭州) 보은(報恩) 광교사(光敎寺) 혜월(慧月) 법단(法端)
선사(제3세 주지) 160
항주(杭州) 보은(報恩) 광교사(光敎寺) 통변(通辨) 명달(明達)
소안(紹安) 선사(제4세 주지) 162
복주(福州) 광평원(廣平院) 수위(守威) 종일(宗一) 선사 165
항주(杭州) 보은(報恩) 광교사(光敎寺) 영안(永安) 선사(제5세
주지) 169
광주(廣州) 광성도량(光聖道場) 사호(師護) 선사 175
항주(杭州) 봉선사(奉先寺) 청욱(淸昱) 선사 178
태주(台州) 천태산(天台山) 자응(紫凝) 보문사(普聞寺) 지근(智
勤) 선사 180
온주(溫州) 안탕산(雁蕩山) 원제(願濟) 선사 184
항주(杭州) 보문사(普門寺) 희변(希辯) 선사 187
항주(杭州) 광경사(光慶寺) 우안(遇安) 선사 191
천태산(天台山) 반야사(般若寺) 우섬(友蟾) 선사 199
무주(婺州) 지자사(智者寺) 전긍(全肯) 선사 202
복주(福州) 옥전(玉泉) 의륭(義隆) 선사 204
항주(杭州) 용책사(龍册寺) 효영(曉榮) 선사(제5세 주지) 206
항주(杭州) 임안현(臨安縣) 공신원(功臣院) 경소(慶蕭) 선사 211
월주(越州) 칭심(稱心) 경진(敬瑱) 선사 214
복주(福州) 엄봉(嚴峯) 사출(師朮) 선사 216
노주(潞州) 화엄(華嚴) 혜달(慧達) 선사 219
월주(越州) 섬현(剡縣) 청태원(淸泰院) 도원(道圓) 선사 221
항주(杭州) 구곡(九曲) 관음원(觀音院) 경상(慶祥) 선사 223

항주(杭州) 개화사(開化寺) 전법(傳法) 행명(行明) 대사 225
월주(越州) 소산현(蕭山縣) 어포(漁浦) 개선사(開善寺) 의원(義圓) 선사 228
온주(溫州) 서록사(瑞鹿寺) 상방(上方) 우안(遇安) 선사 230
항주(杭州) 용화사(龍華寺) 혜거(慧居) 선사 233
무주(婺州) 제운산(齊雲山) 우진(遇臻) 선사 237
온주(溫州) 서록사(瑞鹿寺) 본선(本先) 선사 241

앞의 항주(杭州) 보은사(報恩寺) 혜명(慧明) 선사의 법손 261
복주(福州) 장계(長谿) 보명원(保明院) 통법(通法) 도성(道誠) 대사 261

앞의 항주(杭州) 영명사(永明寺) 도잠(道潛) 선사의 법손 264
항주(杭州) 천광왕사(千光王寺) 괴성(瓌省) 선사 264
구주(衢州) 진경(鎭境) 지징(志澄) 대사 268
명주(明州) 숭복원(崇福院) 경상(慶祥) 선사 270

앞의 항주(杭州) 영은사(靈隱寺) 청용(淸聳) 선사의 법손 272
항주(杭州) 임안(臨安) 공신원(功臣院) 도자(道慈) 선사 272
수주(秀州) 나한원(羅漢院) 원소(願昭) 선사 274
처주(處州) 보은원(報恩院) 사지(師智) 선사 277
구주(衢州) 곡녕(瀫寧) 가선(可先) 선사 279
항주(杭州) 임안(臨安) 광효원(光孝院) 도단(道端) 선사 281
항주(杭州) 서산(西山) 보청원(保淸院) 우녕(遇寧) 선사 283

복주(福州) 지제산(支提山) 옹희사(雍熙寺) 변륭(辯隆) 선사　285
　　항주(杭州) 서룡원(瑞龍院) 희원(希圓) 선사　288

앞의 금릉(金陵) 보자(報慈) 행언(行言) 도사의 법손　290
　　홍주(洪州) 운거산(雲居山) 의능(義能) 선사(제9세 주지)　290

앞의 금릉(金陵) 청량(淸凉) 태흠(泰欽) 선사의 법손　293
　　홍주(洪州) 운거산(雲居山) 도제(道齊) 선사(제11세 주지)　293

앞의 금릉(金陵) 보은원(報恩院) 법안(法安) 선사의 법손　299
　　여산(廬山) 서현사(棲賢寺) 도견(道堅) 선사　299
　　여산(廬山) 귀종사(歸宗寺) 혜성(慧誠) 선사(제14세 주지)　302

앞의 여주(廬州) 장안원(長安院) 연규(延規) 선사의 법손　308
　　여주(廬州) 장안원(長安院) 변실(辯實) 선사(제2세 주지)　308
　　담주(潭州) 운개산(雲蓋山) 해회사(海會寺) 용청(用淸) 선사　310

길주(吉州) 청원산(靑原山) 행사(行思) 선사의 제11세
앞의 소주(蘇州) 장수원(長壽院) 붕언(朋彦) 대사의 법손　315
　　장수(長壽) 법제(法齊) 선사(제2세 주지)　315

색인표　319

부록　농선 대원 선사님 인가 내력　329

일러두기

1. 대만에서 펴낸 『경덕전등록(景德傳燈錄)』(宋釋道原 編, 新文豐出版公司, 民國 75년, 1986년)에 의거해서 번역했으며 누락된 부분 없이 완역하였다.
2. 농선 대원 선사가 각 선사장마다 선리의 토끼뿔을 더하여 닦아 증득하는 데 도움이 되도록 하였다.
3. 뜻이 통하지 않는데도 오자가 아닐 때는 옛 한문 사전에서 그 조사 당시에 그 글자가 어떻게 쓰였는가를 찾아 번역하였다. 예를 들어 '還'자가 돌아올 '환'으로가 아니라 영위할 '영'으로 쓰여 뜻이 통한 경우에는 '영위하다' '누리다'로 의역하였다.
4. 선사들의 생몰연대는 여러 기록된 내용이 일치하지 않거나 미상으로 되어 있는 바가 많아, 각 선사 당시의 나라와 왕의 연대, 불교의 상황 등을 역사학자들이 전문적으로 연구하여 밝혀야 할 부분이 있기에, 이 책에서는 여러 자료와 연구 결과가 일치된 내용만을 주에서 표기하였다.
5. 첨가한 주의 내용은 불교에 대한 지식이 없는 이들도 선문답을 참구해 가는데 도움이 되도록 간략하게 달았으며, 주의 내용에 따라서는 사전적인 뜻보다는 선리(禪理)로서 그 뜻을 밝혀 마음에 비추어 참구할 수 있도록 하였다.

26권 법계보

길주(吉州) 청원산(靑原山) 행사(行思) 선사의 제9세 75인 중 45인

금릉(金陵) 청량(淸凉) 문익(文益) 선사의 법손 63인 중 33인
- 소주(蘇州) 천복원(薦福院) 소명(紹明) 선사
- 택주(澤州) 고현원(古賢院) 근(謹) 선사
- 선주(宣州) 흥복원(興福院) 가훈(可勳) 선사
- 홍주(洪州) 상람원(上藍院) 수눌(守訥) 선사
- 무주(撫州) 복선(覆船) 화상
- 항주(杭州) 봉선사(奉先寺) 법명(法明) 보조(普照) 법괴(法瓌) 선사
- 여산(廬山) 화성사(化城寺) 혜랑(慧朗) 선사
- 항주(杭州) 혜일(慧日) 영명사(永明寺) 통변(通辯) 도홍(道鴻) 선사(제3세 주지)
- 고려(高麗) 영감(靈鑒) 선사
- 형문(荊門) 상천(上泉) 화상
- 여산(廬山) 대림사(大林寺) 승둔(僧遁) 선사
- 지주(池州) 인왕원(仁王院) 연승(緣勝) 선사
- 여산(廬山) 귀종사(歸宗寺) 의유(義柔) 선사(제13세 주지)
  (이상 13인은 본문에 기록되어 있다. 원주)
- 천주(泉州) 상방(上方) 혜영(慧英) 선사

26권 법계보

- 형주(荊州) 호국(護國) 매(邁) 선사
- 요주(饒州) 지령(芝嶺) 조(照) 선사
- 여산(廬山) 귀종(歸宗) 사혜(師慧) 선사
- 여산(廬山) 귀종(歸宗) 성일(省一) 선사
- 양주(襄州) 연경(延慶) 통성(通性) 대사
- 여산(廬山) 귀종(歸宗) 몽흠(夢欽) 선사
- 홍주(洪州) 사리(舍利) 현천(玄闡) 선사
- 홍주(洪州) 영안(永安) 명(明) 선사
- 홍주(洪州) 선계(禪谿) 가장(可莊) 선사
- 담주(潭州) 석상(石霜) 상(爽) 선사
- 강서(江西) 영산(靈山) 화상
- 여산(廬山) 불수(佛手) 암인(巖因) 선사
- 금릉(金陵) 보안(保安) 지(止) 화상
- 승주(昇州) 화엄(華嚴) 유(幽) 선사
- 원주(袁州) 목평(木平) 도달(道達) 선사
- 홍주(洪州) 대령(大寧) 도매(道邁) 선사
- 초주(楚州) 용흥(龍興) 덕빈(德賓) 선사
- 악주(鄂州) 황룡(黃龍) 인(仁) 선사
- 홍주(洪州) 서산(西山) 도용(道聳) 선사
  (이상 20인은 본문에 기록되어 있지 않다. 원주)

26권 법계보

양주(襄州) 청계(淸谿) 홍진(洪進) 선사의 법손 2인
- 상주(相州) 천평산(天平山) 종의(從漪) 선사
- 여산(廬山) 원통원(圓通院) 연덕(緣德) 선사
  (이상 2인은 본문에 기록되어 있다. 원주)

금릉(金陵) 청량(淸凉) 휴복(休復) 선사의 법손 2인
- 금릉(金陵) 봉선사(奉先寺) 정조(淨照) 혜동(慧同) 선사
  (이상 1인은 본문에 기록되어 있다. 원주)
- 여산(廬山) 보경암(寶慶庵) 도지(道旨) 선사
  (이상 1인은 본문에 기록되어 있지 않다. 원주)

무주(撫州) 용제산(龍濟山) 소수(紹修) 선사의 법손 1인
- 하동(河東) 광원(廣原) 화상
  (이상 1인은 본문에 기록되어 있다. 원주)

형악(衡嶽) 남대(南臺) 수안(守安) 선사의 법손 2인
- 양주(襄州) 취령(鷲嶺) 선미(善美) 선사(제3세 주지)
  (이상 1인은 본문에 기록되어 있다. 원주)
- 안주(安州) 혜일원(慧日院) 명(明) 선사
  (이상 1인은 본문에 기록되어 있지 않다. 원주)

26권 법계보

장주(漳州) 보구원(報劬院) 현응(玄應) 선사의 법손 1인
- 보구(報劬) 인의(仁義) 선사(제2세 주지)

　　(이상 1인은 본문에 기록되어 있지 않다. 원주)

장주(漳州) 융수원(隆壽院) 무일(無逸) 선사의 법손 1인
- 장주(漳州) 융수(隆壽) 법건(法騫) 선사

　　(이상 1인은 본문에 기록되어 있다. 원주)

여산(廬山) 귀종사(歸宗寺) 도전(道詮) 선사의 법손 1인
- 균주(筠州) 구봉(九峯) 의전(義詮) 선사

　　(이상 1인은 본문에 기록되어 있다. 원주)

미주(眉州) 황룡(黃龍) 계달(繼達) 선사의 법손 1인
- 미주(眉州) 황룡(黃龍) 화상(제2세 주지)

　　(이상 1인은 본문에 기록되어 있다. 원주)

낭주(朗州) 양산(梁山) 연관(緣觀) 선사의 법손 1인
- 영주(郢州) 대양산(大陽山) 경현(警玄) 선사

　　(이상 1인은 본문에 기록되어 있다. 원주)

26권 법계보

길주(吉州) 청원산(靑原山) 행사(行思) 선사의 제10세 75인

천태산(天台山) 덕소(德韶) 국사의 법손 49인
- 항주(杭州) 혜일(慧日) 영명사(永明寺) 지각(智覺) 연수(延壽) 선사
- 온주(溫州) 대녕원(大寧院) 가홍(可弘) 선사
- 소주(蘇州) 안국(安國) 장수원(長壽院) 붕언(朋彦) 대사
- 항주(杭州) 오운산(五雲山) 화엄도량(華嚴道場) 지봉(志逢) 대사
- 항주(杭州) 보은(報恩) 광교사(光敎寺) 혜월(慧月) 법단(法端) 선사(제3세 주지)
- 항주(杭州) 보은(報恩) 광교사(光敎寺) 통변(通辨) 명달(明達) 소안(紹安) 선사(제4세 주지)
- 복주(福州) 광평원(廣平院) 수위(守威) 종일(宗一) 선사
- 항주(杭州) 보은(報恩) 광교사(光敎寺) 영안(永安) 선사(제5세 주지)
- 광주(廣州) 광성도량(光聖道場) 사호(師護) 선사
- 항주(杭州) 봉선사(奉先寺) 청욱(淸昱) 선사
- 태주(台州) 천태산(天台山) 자응(紫凝) 보문사(普聞寺) 지근(智勤) 선사
- 온주(溫州) 안탕산(雁蕩山) 원제(願濟) 선사

26권 법계보

- 항주(杭州) 보문사(普門寺) 희변(希辯) 선사
- 항주(杭州) 광경사(光慶寺) 우안(遇安) 선사
- 천태산(天台山) 반야사(般若寺) 우섬(友蟾) 선사
- 무주(婺州) 지자사(智者寺) 전긍(全肯) 선사
- 복주(福州) 옥전(玉泉) 의륭(義隆) 선사
- 항주(杭州) 용책사(龍册寺) 효영(曉榮) 선사(제5세 주지)
- 항주(杭州) 임안현(臨安縣) 공신원(功臣院) 경소(慶蕭) 선사
- 월주(越州) 칭심(稱心) 경진(敬璡) 선사
- 복주(福州) 엄봉(嚴峯) 사출(師朮) 선사
- 노주(潞州) 화엄(華嚴) 혜달(慧達) 선사
- 월주(越州) 섬현(剡縣) 청태원(淸泰院) 도원(道圓) 선사
- 항주(杭州) 구곡(九曲) 관음원(觀音院) 경상(慶祥) 선사
- 항주(杭州) 개화사(開化寺) 전법(傳法) 대사 행명(行明)
- 월주(越州) 소산현(蕭山縣) 어포(漁浦) 개선사(開善寺) 의원(義圓) 선사
- 온주(溫州) 서록사(瑞鹿寺) 상방(上方) 우안(遇安) 선사
- 항주(杭州) 용화사(龍華寺) 혜거(慧居) 선사
- 무주(婺州) 제운산(齊雲山) 우진(遇臻) 선사
- 온주(溫州) 서록사(瑞鹿寺) 본선(本先) 선사

(이상 30인은 본문에 기록되어 있다. 원주)

26권 법계보

- 항주(杭州) 보은(報恩) 덕겸(德謙) 선사
- 항주(杭州) 영은(靈隱) 처선(處先) 선사
- 천태(天台) 선건(善建) 성의(省義) 선사
- 월주(越州) 관음(觀音) 안(安) 선사
- 무주(婺州) 인수(仁壽) 택(澤) 선사
- 월주(越州) 운문(雲門) 중요(重曜) 선사
- 월주(越州) 대우(大禹) 영(榮) 선사
- 월주(越州) 지장(地藏) 경(瓊) 선사
- 항주(杭州) 영은(靈隱) 소광(紹光) 선사
- 항주(杭州) 용화(龍華) 소란(紹鑾) 선사
- 월주(越州) 벽전(碧泉) 행신(行新) 선사
- 월주(越州) 상전(象田) 묵(默) 선사
- 윤주(潤州) 등운(登雲) 종견(從堅) 선사
- 월주(越州) 관음(觀音) 랑(朗) 선사
- 월주(越州) 제기(諸曁) 오봉(五峯) 화상
- 월주(越州) 하산(何山) 도자(道孜) 선사
- 월주(越州) 대우(大禹) 자광(自廣) 선사
- 균주(筠州) 황벽(黃檗) 사일(師逸) 선사
- 소주(蘇州) 서광(瑞光) 청표(淸表) 선사

(이상 19인은 본문에 기록되어 있지 않다. 원주)

26권 법계보

항주(杭州) 보은사(報恩寺) 혜명(慧明) 선사의 법손 1인
- 복주(福州) 장계(長谿) 보명원(保明院) 통법(通法) 도성(道誠) 대사

  (이상 1인은 본문에 기록되어 있다. 원주)

금릉(金陵) 보자도량(報慈道場) 문수(文遂) 도사의 법손 5인
- 상주(常州) 제운(齊雲) 혜(慧) 선사
- 상주(常州) 쌍령(雙嶺) 상(祥) 선사
- 홍주(洪州) 관음(觀音) 진(眞) 선사
- 홍주(洪州) 용사(龍沙) 무(茂) 선사
- 홍주(洪州) 대녕(大寧) 장(獎) 선사

  (이상 5인은 본문에 기록되어 있지 않다. 원주)

항주(杭州) 영명사(永明寺) 도잠(道潛) 선사의 법손 3인
- 항주(杭州) 천광왕사(千光王寺) 괴성(瓌省) 선사
- 구주(衢州) 진경(鎭境) 지징(志澄) 대사
- 명주(明州) 숭복원(崇福院) 경상(慶祥) 선사

  (이상 3인은 본문에 기록되어 있다. 원주)

항주(杭州) 영은사(靈隱寺) 청용(淸聳) 선사의 법손 9인

26권 법계보

- 항주(杭州) 임안(臨安) 공신원(功臣院) 도자(道慈) 선사
- 수주(秀州) 나한원(羅漢院) 원소(願昭) 선사
- 처주(處州) 보은원(報恩院) 사지(師智) 선사
- 구주(衢州) 곡녕(瀔寧) 가선(可先) 선사
- 항주(杭州) 임안(臨安) 광효원(光孝院) 도단(道端) 선사
- 항주(杭州) 서산(西山) 보청원(保淸院) 우녕(遇寧) 선사
- 복주(福州) 지제산(支提山) 옹희사(雍熙寺) 변륭(辯隆) 선사
- 항주(杭州) 서룡원(瑞龍院) 희원(希圓) 선사
  (이상 8인은 본문에 기록되어 있다. 원주)

- 항주(杭州) 국태(國泰) 덕문(德文) 선사
  (이상 1인은 본문에 기록되어 있지 않다. 원주)

금릉(金陵) 보자(報慈) 행언(行言) 도사의 법손 2인
- 홍주(洪州) 운거산(雲居山) 의능(義能) 선사(제9세 주지)
  (이상 1인은 본문에 기록되어 있다. 원주)
- 요주(饒州) 북선(北禪) 청교(淸皎) 선사
  (이상 1인은 본문에 기록되어 있지 않다. 원주)

금릉(金陵) 청량(淸涼) 태흠(泰欽) 선사의 법손 2인
- 홍주(洪州) 운거산(雲居山) 도제(道齊) 선사(제11세 주지)
  (이상 1인은 본문에 기록되어 있다. 원주)

26권 법계보

- 여산(廬山) 서현(棲賢) 혜총(慧聰) 선사
  (이상 1인은 본문에 기록되어 있지 않다. 원주)

금릉(金陵) 보은원(報恩院) 법안(法安) 선사의 법손 2인
- 여산(廬山) 서현사(棲賢寺) 도견(道堅) 선사
- 여산(廬山) 귀종사(歸宗寺) 혜성(慧誠) 선사(제14세 주지)
  (이상 2인은 본문에 기록되어 있다. 원주)

여주(廬州) 장안원(長安院) 연규(延規) 선사의 법손 2인
- 여주(廬州) 장안원(長安院) 변실(辯實) 선사(제2세 주지)
- 담주(潭州) 운개산(雲蓋山) 해회사(海會寺) 용청(用淸) 선사
  (이상 2인은 본문에 기록되어 있다. 원주)

길주(吉州) 청원산(靑原山) 행사(行思) 선사의 제11세 5인

항주(杭州) 영명사(永明寺) 연수(延壽) 선사의 법손 2인
- 항주(杭州) 부양(富陽) 자몽(子蒙) 선사
- 항주(杭州) 조명(朝明) 원진(院津) 선사
  (이상 2인은 본문에 기록되어 있지 않다. 원주)

26권 법계보

소주(蘇州) 장수원(長壽院) 붕언(朋彦) 대사의 법손 1인
- 장수(長壽) 법제(法齊) 선사(제2세 주지)

  (이상 1인은 본문에 기록되어 있다. 원주)

항주(杭州) 보문사(普門寺) 희변(希辯) 선사의 법손 2인
- 고려국(高麗國) 혜홍(慧洪) 선사
- 월주(越州) 상림(上林) 호지(胡智) 선사

  (이상 2인은 본문에 기록되어 있지 않다. 원주)

청원(靑原) 행사(行思) 선사의
9세 10세 11세 법손(法孫)

길주(吉州) 청원산(靑原山) 행사(行思) 선사의 제9세
금릉(金陵) 승주(昇州) 청량(淸凉) 문익(文益) 선사의
법손

소주(蘇州) 천복원(薦福院) 소명(紹明) 선사

소명 선사에게 주장(州將) 전인(錢仁)이 주지가 되기를 간절히 청하면서 물었다.
"어떤 것이 화상의 가풍입니까?"
대사가 말하였다.
"어디서나 볼 수 있다."

吉州靑原山行思禪師第九世。金陵昇州淸凉文益禪師法嗣。蘇州薦福院紹明禪師。州將錢仁奉請住持。乃問。如何是和尙家風。師曰。一切處看取。

 토끼뿔

"어떤 것이 화상의 가풍입니까?" 했을 때

대원은 "봄에는 꽃을 꺾어 코끝에 대주고, 가을에는 단풍잎을 꺾어 눈앞에 대준다." 하리라.

택주(澤州) 고현원(古賢院) 근(謹) 선사

근(謹) 선사가 어떤 승려를 감정하기 위해서 물었다.
"여래의 견고하고 비밀한 몸이 일체 티끌 속에 나타난다 하니, 어떤 것이 견고하고 비밀한 몸인가?"
승려가 손가락을 세우니, 대사가 말하였다.
"나타나긴 나타났는데 그대는 어떻게 알고 있는가?"
승려가 말이 없었다.

대사가 정혜 선사를 모시고 서 있는데, 정혜 선사가 어떤 승려에게 이렇게 묻는 것을 보았다.
"여기서 떠나 어디를 갔다 왔는가?"
그 승려가 대답하였다.
"영(嶺) 안에 들어갔었습니다."

澤州古賢院謹禪師。師勘僧云。如來堅密身一切塵中現。如何是堅密身。僧堅指。師云。現即現你怎生會。僧無語。師侍立次見淨慧問一僧云。自離此間什麼處去來。曰入嶺來。

정혜가 말하였다.
"쉽지 않은 일이구나."
"그토록 많은 산천을 헛되이 걸었습니다."
"그토록 많은 산천을 다닌 것도 나쁘지는 않다."
그 승려는 말이 없었으나, 대사는 이 말에 크게 깨달았다.

어떤 승려가 물었다.
"어떤 것이 부처입니까?"
대사가 말하였다.
"그대의 콧구멍을 막아버려라."

淨慧曰。不易。曰虛涉他如許多山水。淨慧曰。如許多山水也不惡。其僧無語。師於此言下大悟。僧問。如何是佛。師曰。築著汝鼻孔。

토끼뿔

"나타나긴 나타났는데 그대는 어떻게 알고 있는가?" 했을 때

　대원은 "흙덩이나 쫓는 이가 아니라면 어찌 안 것이라곤들 하리까?" 하리라.

선주(宣州) 홍복원(興福院) 가훈(可勳) 선사

가훈 선사는 건주(建州) 건양(建陽) 사람으로 성은 주(朱)씨이다. 정혜(淨慧)에게 인가를 받은 뒤에 주지가 되어 법문을 열었다.

어떤 승려가 물었다.
"어떤 것이 홍복의 주인입니까?"
대사가 말하였다.
"그대는 알지 못한다."
"다만 그것이면 되지 않겠습니까?"
"설사 광증은 쉬지 않았더라도 머리야 어찌 잃었겠는가?"
"어떤 것이 도입니까?"
"부지런히 행하라."

宣州興福院可勳禪師。建州建陽人也。姓朱氏。自淨慧印心遂開法住持。僧問。如何是興福主。師曰。闍梨不識。曰莫只這便是麼。師曰。縱未歇狂頭亦何失。問如何是道。師曰。勤而行之。

"어떤 것이 법이 공한 것입니까?"
"공할 것도 없다."

대사는 게송으로 대중에게 보였다.

가을 강의 섬 연기 맑은데
해오라기는 걸음마다 오똑 서곤 하네
세상의 소리를 관하여 생각하지 않았다면
보문(普門)¹⁾에 들어감을 어찌 알았으랴

問何云法空。師曰。不空。師有偈示眾曰。
秋江煙島晴
鷗鷺行行立
不念觀世音
爭知普門入

---

1) 보문(普門) : 일체 법에 드는 문. 불보살님께서 신통의 힘으로 여러 몸을 시현하시어 일체 중생을 원통(圓通)하게 하시는 것.

 토끼뿔

"어떤 것이 흥복의 주인입니까?" 했을 때

대원은 "누구와 대화하느냐?" 하리라.

홍주(洪州) 상람원(上藍院) 수눌(守訥) 선사

수눌 선사가 법상에 올라 대중에게 말하였다.
"요점을 들어 다하였건만 흔적도 없는 바탕인 사람이 없다. 총림의 여러 형제들이여, 다 함께 증명하라. 늦게 발심한 무리는 의심이 있거든 물어라."
어떤 승려가 물었다.
"감로문(甘露門)을 열어 제일의를 관하여 유와 무에 떨어지지 않는 도리를 보여 주십시오."
대사가 말하였다.
"대중이 증명했다."
"그러한즉 있는 힘을 다하셨습니다."
"쓸데없는 말을 말라."

洪州上藍院守訥禪師。上堂謂眾曰。盡令提綱無人掃地。叢林兄弟相共證明。晚進之流有疑請問。有僧問。願開甘露門。當觀第一義。不落有無中。請師垂指示。師曰。大眾證明。曰恁麼即屈去也。師曰。閑言語。

"어떤 것이 부처입니까?"
"다시 묻는 자는 누구인가?"

問如何是佛。師曰。更問阿誰。

 토끼뿔

"감로문(甘露門)을 열어 제일의를 관하여 유와 무에 떨어지지 않는 도리를 보여 주십시오." 했을 때

대원은 "그 물음이 있기도 전에 그 대답은 원만히 이루어졌느니라." 하리라.

무주(撫州) 복선(覆船) 화상

복선 화상에게 어떤 승려가 물었다.
"어떤 것이 부처입니까?"
대사가 말하였다.
"모른다."

"어떤 것이 조사께서 서쪽에서 오신 뜻입니까?"
"조사를 비방하지 말라."

撫州覆船和尚。僧問。如何是佛。師曰。不識。問如何是祖師西來意。師曰。莫謗祖師。

토끼뿔

"어떤 것이 부처입니까?" 했을 때

대원이라면 신발 한 짝을 들어 올렸을 것이다.

항주(杭州) 봉선사(奉先寺) 법명(法明) 보조(普照) 법괴(法瓌) 선사

법괴 선사에게 어떤 승려가 물었다.
"석가세존께서 세상에 나실 때는 하늘에서 네 가지 꽃이 내리고 땅이 여섯 가지로 진동했는데, 오늘 화상께는 어떤 상서가 있었습니까?"
대사가 말하였다.
"대중이 다 보느니라."
"법왕의 법이 이러-하십니다."
"인왕이 보고 있다."

"정혜의 보인(寶印)은 화상께서 친히 받으셨는데, 오늘의 이 모임에서는 누구에게 전하시겠습니까?"

杭州奉先寺法明普照禪師法瓌。僧問。釋迦出世天雨四華地搖六動。未審和尚今日有何祥瑞。師曰。大眾盡見。曰法王法如是也。師曰。人王見在。問淨慧寶印和尚親傳。今日一會當付何人。

"누구에게도 베풀어준 적 없다."
"그러한즉 우레 소리가 가없는 세계에 진동한다 하겠습니다."
"잘 들어라."

師曰。誰人無分。曰恁麼即雷音普震無邊刹也。師曰。也須善聽。

 토끼뿔

∽ "석가세존께서 세상에 나실 때는 하늘에서 네 가지 꽃이 내리고 땅이 여섯 가지로 진동했는데, 오늘 화상께는 어떤 상서가 있었습니까?" 했을 때

대원은 "소감을 말해 봐라." 하리라.

∽ "정혜의 보인(寶印)은 화상께서 친히 받으셨는데, 오늘의 이 모임에서는 누구에게 전하시겠습니까?" 했을 때

대원은 "전한 것이라면 받아 무엇 하겠는가?" 하리라.

여산(廬山) 화성사(化城寺) 혜랑(慧朗) 선사

강남의 재상인 송제구(宋齊丘)가 개당을 청하니, 대사가 법상에 올라 말하였다.

"오늘 영공(令公)께서 산승에게 대중을 위해 설법하라 한 것은 모두가 부처님의 분부를 받아 부처님의 은혜를 잊지 않으려는 것이다. 대중 가운데 물을 말이 있는 이는 나와서 영공과 인연을 맺어라."

어떤 승려가 물었다.

"영공께서 친히 왕림하시고 대중이 모두 모였으니, 스님께서 위로부터의 종승을 들어 제창해 주십시오."

"그렇게 하면 영공을 등지는 것이 아니겠는가?"

"스님께서는 항상 애써 말씀하시는데 학인은 어째서 자기의 일을 밝히지 못합니까?"

廬山化城寺慧朗禪師。江南相宋齊丘請開堂。師陞座曰。今日令公請山僧爲眾。莫非承佛付囑不忘佛恩。眾中有問話者出來。爲令公結緣。僧問曰。令公親降大眾雲臻。從上宗乘請師擧唱。師曰。莫是孤負令公麼。問師常苦口爲什麼學人己事不明。

대사가 말하였다.

"그대는 어디를 밝히지 못했는가?"

승려가 말하였다.

"밝히지 못한 곳을 스님께서 결단해 주십시오."

"금방 그대에게 무엇이라 했던가?"

"그러한즉 오늘로 인했다는 것마저 온전히 버렸습니다."

"물러나서 절이나 세 번 하라."

師曰。闍梨什麼處不明。曰不明處請師決斷。師曰。適來向汝道什麼。曰恁麼即全因今日去也。師曰。退後禮三拜。

🐇 토끼뿔

"영공께서 친히 왕림하시고 대중이 모두 모였으니, 스님께서 위로부터의 종승을 들어 제창해 주십시오." 했을 때

대원은 "오늘의 제창이 어떠했는가?" 하리라.

여산(廬山) 화성사(化城寺) 혜랑(慧朗) 선사

항주(杭州) 혜일(慧日) 영명사(永明寺) 통변(通辯) 도홍(道鴻) 선사(제3세 주지)

도홍 선사에게 어떤 승려가 물었다.
"멀리 천대경(天台境)에서 떠나 혜일봉으로 올라왔습니다. 오랫동안 스님의 사자후를 들어왔는데, 오늘 스님께서 깨닫게 해 주시기를 청합니다."
대사가 말하였다.
"들었는가?"
"그러면 옛날에는 숭수(崇壽)요, 오늘은 영명(永明)이겠습니다."
"퍽이나 영리하건만 어찌 어지러이 지껄이는가?"

대사가 대중에게 말하였다.

杭州慧日永明寺通辯禪師道鴻(第三世住)。僧問。遠離天台境。來登慧日峯。久聞獅子吼。今日請師通。師曰。聞麼。曰恁麼即昔時崇壽今日永明也。師曰。幸自靈利何須亂道。師謂眾曰。

"대도(大道)는 가없이 이러-해서 고금에 항상 이러-하니라. 참마음은 두루하고 두루하니 여량지(如量智)[2]가 밝아 삼라만상 모두가 진실상(眞實相)이다. 천지를 꾸리고 고금을 꿰뚫었으니 대중은 알겠는가? 흑백을 가리겠는가?"

어떤 이가 물었다.

"국왕이 명하여 공께서 귀한 자리에 임하셨으니 오늘은 무슨 일을 하시겠습니까?"

대사가 말하였다.

"증험했지?"

"그 뜻이 무엇입니까?"

"어디를 갔다 왔는가?"

"그렇다면 오히려 차제를 짓는 것이겠습니다."

"어지러운 소리를 말라."

大道廓然古今常爾。真心周遍如量之智皎然。萬象森羅咸真實相。該天括地亘古亘今。大眾還會麼。還辨白得麼。問國王嘉命公貴臨筵。未審今日當為何事。師曰。驗取。曰此意如何。師曰。什麼處去來。曰恁麼即猶成造次也。師曰。休亂道。

---

2) 여량지(如量智) : 현상계의 수량과 차별에 대하여 그 차별상을 명백히 아는 불보살의 지혜.

"부처님들께서 출세하실 때에는 백 가지 보배 광명을 놓으셨는데, 스님께서 보배 자리에 오르시면 어떤 상서가 있습니까?"
"증험했지?"
"법왕의 법이 이러-하군요."
"역시 헛소리구나."

問諸佛出世放百寶光明。師登寶座有何祥瑞。師曰。可驗。曰法王法如是。師曰。也是虛言。

 토끼뿔

"부처님들께서 출세하실 때에는 백 가지 보배 광명을 놓으셨는데, 스님께서 보배 자리에 오르시면 어떤 상서가 있습니까?" 했을 때

대원은 "상서에 있어서 같은가, 다르던가?" 하리라.

고려(高麗) 영감(靈鑒) 선사

영감 선사에게 어떤 승려가 물었다.
"어떤 것이 청정한 가람(伽藍)[3]입니까?"
대사가 말하였다.
"소 우리〔牛欄〕이니라."

"어떤 것이 부처입니까?"
"이 어리석은 놈을 끌어내라."

  高麗靈鑒禪師。僧問。如何是清淨伽藍。師曰。牛欄是。問如何是佛。師曰。拽出癩漢著。

---

3) 가람(伽藍) : 승려가 기거하는 사원.

토끼뿔

"어떤 것이 청정한 가람(伽藍)입니까?" 했을 때

대원이라면 주장자를 세웠을 것이다.

형문(荊門) 상전(上泉) 화상

상전 화상에게 어떤 승려가 물었다.
"두 용이 여의주를 다투면 누가 얻습니까?"
대사가 말하였다.
"내가 얻는다."

"아주 먼 곳으로부터 스님께 귀의해 왔으니 어떻게 한 차례 제접 하시겠습니까?"
대사가 주장자를 짚고 서서 굽어보니, 그 승려가 절을 하였고, 이에 대사가 할을 하였다.

"한 자쯤 되는 구슬에 티가 없을 때는 어떠합니까?"
"나는 소중히 여기지도 않는다."
"소중히 여기지도 않은 뒤에는 어떠합니까?"
"불 속의 메뚜기가 뛰어서 하늘로 오른다."

荊門上泉和尚。僧問。二龍爭珠誰是得者。師曰。我得。問遠遠投師如何一接。師按杖視之。其僧禮拜。師便喝。問尺璧無瑕時如何。師曰。我不重。曰不重後如何。師曰。火裏螳螂飛上天。

 토끼뿔

༄ "두 용이 여의주를 다투면 누가 얻습니까?" 했을 때

대원이라면 한 대 때렸을 것이다.

༄ "아주 먼 곳으로부터 스님께 귀의해 왔으니 어떻게 한 차례 제접하시겠습니까?" 했을 때

대원은 "나의 제접이 어떠냐?" 하리라.

༄ "한 자쯤 되는 구슬에 티가 없을 때는 어떠합니까?" 했을 때

대원은 "어떠냐?" 하고

"소중히 여기지도 않은 뒤에는 어떠합니까?" 했을 때

대원은 "그런 말이 없다." 하리라.

여산(廬山) 대림사(大林寺) 승둔(僧遁) 선사

승둔 선사는 처음에 원통(圓通)에 살았다.
어떤 승려가 물었다.
"어떤 승려가 현사(玄沙) 화상에게 묻기를 '위로부터의 종승을 여기서는 어떻게 이야기하십니까?'라고 하니, 현사가 말하기를 '듣는 이가 적다.'라고 하였는데, 이제 스님께 물으니 현사의 뜻이 무엇입니까?"
대사가 말하였다.
"그대가 석이봉(石耳峯)을 옮겨다 놓은 뒤에야 그대에게 말하리라."4)

廬山大林寺僧遁禪師。初住圓通。有僧舉。僧問玄沙和尚。向上宗乘此間如何言論。玄沙云。少人聽。今問師。不知玄沙意旨如何。師曰。待汝移却石耳峯我即向汝道(歸宗柔別云。且低聲)。

---

4) 귀종 유(歸宗柔)가 따로 말하기를 "잠깐 소리를 낮춰라." 하였다. (원주)

 토끼뿔

"어떤 승려가 현사(玄沙) 화상에게 묻기를 '위로부터의 종승을 여기서는 어떻게 이야기하십니까?'라고 하니, 현사가 말하기를 '듣는 이가 적다.'라고 하였는데, 이제 스님께 물으니 현사의 뜻이 무엇입니까?" 했을 때

대원은 "무등산 입석대니라." 하리라.

지주(池州) 인왕원(仁王院) 연승(緣勝) 선사

연승 선사에게 어떤 승려가 물었다.
"농가에서 격양가(擊壤歌)[5]를 부를 때는 어떠합니까?"
대사가 말하였다.
"승려의 집은 스스로 본분의 일이 있다."
"승려의 집 본분사를 묻는 것이 아닙니다. 농가에서 격양가를 부를 때는 어떠합니까?"
"말머리가 어디인가?"

池州仁王院緣勝禪師。僧問。農家擊壤時如何。師曰。僧家自有本分事。曰不問僧家本分事。農家擊壤時如何。師曰。話頭何在。

---

5) 격양가(擊壤歌) : 옛날 중국(中國) 요(堯)임금 때 늙은 농부(農夫)가 땅을 치면서 천하가 태평한 것을 노래한 데서 온 말로, 태평(太平)한 세월(歲月)을 즐기는 노래.

 토끼뿔

"농가에서 격양가(擊壤歌)를 부를 때는 어떠합니까?" 했을 때

대원은 "춤을 춘다." 하리라.

여산(廬山) 귀종사(歸宗寺) 의유(義柔) 선사(제13세 주지)

의유 선사가 처음에 법상에 올라 자리에 앉으니, 유나가 대중에게 말하였다.
"법연에 계신 여러 용상대덕들이여, 제일의를 관하시오."
이에 대사가 말하였다.
"만약 제일의라면서 어떻게 관한다 하는가? 이렇게 말한다면 낙처가 어디인가? 그렇다면 응당히 관해야 하는가, 아니면 관하는 것을 허락하지 않아야 하겠는가? 덕 높은 상좌들은 함께 증명해 봐라. 초심의 후학들은 돌이켜 묻는 말이라거나 뒤집는 말이라 하지 말라. 의심이 있거든 물어라."

어떤 승려가 물었다.

廬山歸宗寺義柔禪師(第十三世住)。師初上堂陞座。維那白槌曰。法筵龍象眾當觀第一義。師曰。若是第一義且作麼生觀。恁麼道落在什麼處。為是觀。為復不許人觀。先德上座共相證明。後學初心莫喚作返問語倒靠語。有疑請問。僧問。

"부처님들께서 세상에 나타나시어 설법으로 사람들을 제도하시면 천지가 감동했는데, 화상께서 세상에 나타나실 때에는 어떤 상서가 있었습니까?"

대사가 말하였다.

"인간과 하늘 대중 앞에서 잠꼬대는 해서 무엇 하리오."

"여러 관원들이 다 모였고 대중이 귀를 기울이고 있습니다. 어떤 것이 세상을 벗어나는 한 마디의 일입니까?"

"대중이 증명했다."

"향 연기가 일어나는 곳에서 스님께서 법상에 오르셨는데 종승의 일이 어떠합니까?"

"교승(敎乘)도 그렇게는 안다."

"우담발화가 피면 사람들이 모두 보는데 본래의 무심에 사무치는 일이 어떠합니까?"

諸佛出世說法度人感天動地。和尚出世有何祥瑞。師曰。人天大眾前囈語作麼。問諸官已集大眾側聆。如何是出世一言之事。師曰。大眾證明。問香煙起處師登座。未審宗乘事若何。師曰。教乘也恁麼會。問優曇華拆人皆覩。達本無心事若何。

"부질없는 말이다."

"그러면 남방 혜능에게 특별히 있다는 깊고 깊은 뜻인 이 마음은 마음도 아니어서 사람이 아는 것이 아니겠습니다."

"총림에 가득한 일이다."

"옛날의 금봉(金峯)과 오늘의 귀종(歸宗)은 하나입니까, 둘입니까?"

"그대가 증명해 주어서 고맙다."

"지장(智藏)의 한 화살은 곧장 귀종을 쏘았는데, 귀종의 한 화살은 누구를 쏘시렵니까?"

"우리 지장 선사를 비방하지 말라."

"오늘날 대장군이 몸소 법회를 증명해 주시니, 스님께서는 이 은혜를 어떻게 갚으시렵니까?"

"나에게 무엇을 말하란 말인가?"

師曰。謾語。曰恁麼即南能別有深深旨。不是心心人不知。師曰。事須飽叢林。問昔日金峯今日歸宗。未審是一是二。師曰。謝汝證明。問智藏一箭直射歸宗。歸宗一箭當射何人。師曰。莫謗我智藏。問此日知軍親證法。師從何處答深恩。師曰。教我道什麼即得。

대사가 또 말하였다.

"한 번 묻고, 한 번 대답하는 것으로는 깨달을 기약이 없다. 불법은 그러한 도리가 아니다. 대중이여, 오늘의 일은 원래 본심이 아니므로 진실로 말하건대 이렇게 산에 머무는 것이 무슨 뜻이 있겠는가? 이미 부처여서 마음이랄 것도 없건만, 이는 오로지 장군께서 청하시기 때문이며 사찰 대중의 정성스러운 마음 때문이라 하리라.

이미 이 속에 이르렀으니 또 무엇을 말하여야 곧 얻는다 하겠는가? 알겠는가? 만일 이에 미치지 못하면 옛사람이 말하기를 '도(道)를 문득 서로 만나 서로 이르고자 해도 잇닿을 듯 잇닿을 듯 하면서도 말로써는 미치지 못한다.'라고 하였으니 어떻게 알고 있는가? 만일 안다면 감히 갚지 못할 은혜를 갚고 무위의 교화를 족히 돕는다 하겠지만, 만일 알지 못한다면 저 장로는 개당하고서 옛사람의 말이나 들춘다고 말하지 말라.

師又曰。一問一答也無了期。佛法也不是恁麼道理。大眾此日之事故非本心。實謂只箇住山寧有意。向來成佛亦無心。蓋緣是知軍請命寺眾誠心。既到這裏。且說箇什麼即得。還相悉麼。此若不及古人便道。相逢欲相喚脈脈不能語。作麼生會。若會堪報不報之恩。足助無為之化。若也不會。莫道長老開堂只舉古人語。

이 성대한 일은 하늘의 높음과 바다의 깊음으로도 비유할 수 없다. 또 부처님 법을 찬탄하고 기원하는 것만으로 감히 청정한 반열로 회향되었다고 할 수 없다. 무슨 까닭이겠는가? 옛사람이 말하기를 '내가 오랫동안 기도 드렸다한들 어찌 항차 지금 당장 성인의 경지를 갖추었다 하겠는가?'라고 하였다. 오래 서 있었다. 안녕."

어떤 승려가 물었다.
"어떤 것이 공왕(空王)의 사당입니까?"
대사가 말하였다.
"불가사의하거늘 비방하지 말라."
"어떤 것이 사당 안의 사람입니까?"
"아까부터 부질없는 말을 말라."

"신령스런 거북이가 징조를 나타내기 전에는 어떠합니까?"
"길하던가, 흉하던가?"

此之盛事天高海深。況喻不及。更不敢讚祝皇風迴向淸列。何以故。古人猶道吾禱久矣。豈況當今聖明者哉。久立珍重。僧問。如何是空王廟。師曰。莫少神。曰如何是廟中人。師曰。適來不謾道。問靈龜未兆時如何。師曰。是吉是凶。

"그 근원을 통달하지 못했으니 스님께서 방편을 베풀어 주십시오."
"통달했다."
"통달한 뒤에는 어떠합니까?"
"끝내는 그런 질문을 않는다."

"오랫동안 대승의 마음을 냈다가 중간에 이 뜻을 잊었다 하니, 어떤 것이 이 뜻입니까?"
"또 중간에 잊었구나."

問未達其源乞師方便。師曰。達也。曰達後如何。師曰。終不恁麼問。問久發大乘心中忘此意。如何是此意。師曰。又道中忘。

 토끼뿔

∽ "여러 관원들이 다 모였고 대중이 귀를 기울이고 있습니다. 어떤 것이 세상을 벗어나는 한 마디의 일입니까?" 했을 때

대원은 "그대들도 누설하는구나." 하리라.

∽ "옛날의 금봉(金峯)과 오늘의 귀종(歸宗)은 하나입니까, 둘입니까?" 했을 때

대원은 "나를 그대라 하겠느냐?" 하리라.

∽ "어떤 것이 공왕(空王)의 사당입니까?" 했을 때

대원은 "어떠냐?" 하고

"어떤 것이 사당 안의 사람입니까?" 했을 때

대원은 "누가 말하는가?" 하리라.

앞의 양주(襄州) 청계(淸谿) 홍진(洪進) 선사의 법손

상주(相州) 천평산(天平山) 종의(從漪) 선사

종의 선사에게 어떤 승려가 물었다.
"어찌해야 삼계를 벗어나겠습니까?"
대사가 말하였다.
"삼계를 가져오너라. 그대를 벗어나게 하리라."

어떤 승려가 물었다.
"어떤 것이 화상의 가풍입니까?"
대사가 말하였다.
"바탕이 드러났다."

前襄州淸谿洪進禪師法嗣。相州天平山從漪禪師。有僧問。如何得出三界。師曰。將三界來與汝出。僧問。如何是和尙家風。師曰。顯露地。

"어떤 것이 부처입니까?"
"가리킬 하늘과 땅도 없다."
"어째서 가리킬 하늘과 땅도 없습니까?"
"나만이 홀로 존귀하다."

"어떤 것이 천평(天平)입니까?"
"여덟 곳은 움푹하고 아홉 곳은 불룩하니라."

"깊은 골짜기의 청정한 계곡물을 마시는 이는 어째서 오르고 내림이 없습니까?"
"다시 꿈의 견해를 무엇 하겠느냐?"

"대중이 모였으니 무슨 일을 말해야 하겠습니까?"
"향 연기가 이는 곳에 삼라만상이 드러난다."

問如何是佛。師曰。不指天地。曰爲什麼不指天地。師曰。唯我獨尊。問如何是天平。師曰。八凹九凸。問洞深杳杳淸谿水飮者如何不升墜。師曰。更夢見什麼。問大眾雲集合譚何事。師曰。香煙起處森羅見。

 토끼뿔

"대중이 모였으니 무슨 일을 말해야 하겠습니까?" 했을 때

대원은 "잘 들었는가?" 하리라.

여산(廬山) 원통원(圓通院) 연덕(緣德) 선사

연덕 선사는 전당(錢塘) 사람으로 성은 황(黃)씨이다. 처음에 임안(臨安)의 낭첨원(朗瞻院)에서 머리를 깎고, 나이가 차자 천태산(天台山)에 가서 구족계를 받았다.

그리하여 비로소 천룡(天龍) 순덕(順德) 대사에게 선을 익히고 이어 강표(江表)로 찾아가서 도를 묻고 홍진(洪進) 산주(山主)의 심인을 받았다.

이때에 강남(江南)의 국주가 여산에다 선원을 세우고 대사에게 법문 열기를 청하니, 대사가 법상에 올라 대중에게 보이고 말하였다.

"여러 상좌들이여, 도안(道眼)을 밝혀야 좋으리라. 이것이 행각하는 승려의 본분의 일이다. 도안을 밝히지 못하면 무슨 쓸모가 있으랴. 그저 소반을 옮겨다가 밥을 먹을 뿐이다.

廬山圓通院緣德禪師。錢塘人也。姓黃氏。初出家於臨安朗瞻院落髮。依年往天台山受具。始習禪那於天龍順德大師。尋往江表問道。值洪進山主印心。時江南國主於廬山建院請師開法。師上堂示眾曰。諸上座明取道眼好。是行脚僧本分事。道眼若未明有什麼用處。只是移盤喫飯。

도안을 밝히면 무슨 막힐 것이 있으랴. 만일 아직 밝히지 못했거든 억지로 여러 소리를 해도 소용이 없다. 일 없음을 잘 참구해 보는 것이 좋으리라."

어떤 승려가 물었다.
"어떤 것이 옮기지 않는 네 가지 이치입니까?"
대사가 말하였다.
"지, 수, 화, 풍이니라."

"어떤 것이 옛 부처님의 마음입니까?"
"물새와 나무숲이니라."
"학인은 모르겠습니다."
"그대가 알아 봐라."

"오래도록 줄 없는 거문고를 메고 있었습니다. 스님께서 한 곡조 퉁겨 주십시오."

道眼若明有何障礙。若未明得強說多端也無用處。無事也好尋究。僧問。如何是四不遷。師曰。地水火風。問如何是古佛心。師曰。水鳥樹林。曰學人不會。師曰。會取學人。問久負勿絃琴請師彈一曲。

"얼마 동안이나 메고 있었던가?"
"어떤 곡조가 나겠습니까?"
"말에 떨어졌구나. 안녕."

"어떤 것이 불법의 대의입니까?"
"과거 등명불(燈明佛)의 근본 서광이 이러-하니라."

"어떤 것이 학인의 자신입니까?"
"특별히 바탕을 거듭 묻는 것은 무슨 뜻인가?"

"어떤 것이 대매(大梅)의 주인입니까?"
"그대는 오늘 어느 곳에서 떠났던가?"

師曰。負來得多少時也。曰未審作何音調。師曰。話墮也。珍重。問如何是佛法大意。師云。過去燈明佛本光瑞如是。問如何是學人自己。師云。特地申問是什麼意。問如何是大梅主。師云。闍梨今日離什麼處。

 토끼뿔

"어떤 것이 대매(大梅)의 주인입니까?" 했을 때

대원은 "정월 보름 쥐불이니라." 하리라.

앞의 금릉(金陵) 승주(昇州) 청량(淸凉) 휴복(休復) 선사의 법손

금릉(金陵) 승주(昇州) 봉선사(奉先寺) 정조(淨照) 혜동(慧同) 선사

혜동 선사는 위부(魏府) 사람으로 성은 장(張)씨이다. 어릴 때에 출가하여 요주(饒州) 북선원(北禪院)의 유직(惟直) 선사에 의해 머리를 깎고, 나이가 차자 무주(撫州)의 희조(希操) 율사에게 구족계를 받았으며 청량에게 법을 얻었다.

前金陵昇州淸凉休復禪師法嗣。金陵昇州奉先寺淨照禪師慧同。魏府人也。姓張氏。幼歲出家禮饒州北禪院惟直禪師披削。年滿受具於撫州希操律師於淸凉得法。

어떤 승려가 물었다.

"오직 하나의 견고하고 비밀한 몸이 일체 티끌 속에서도 드러난다 하고, 또 부처의 몸은 법계에 가득하여 일체 중생의 앞에 두루 나타난다고 하니, 이 두 갈래를 스님께서 말씀해 주십시오."

대사가 말하였다.

"오직 하나의 굳고 비밀한 몸을 온갖 티끌 속에서 본다."

어떤 승려가 물었다.

"어떤 것이 옛 부처님의 마음입니까?"

대사가 말하였다.

"그대는 어느 것이 아니라고 의심하는가?"

"어떤 것이 항상 있는 사람입니까?"
"다시 묻는 것이 누군가?"

僧問。唯一堅密身一切塵中現。又云。佛身充滿於法界。普現一切群生前。於此二途請師說。師曰。唯一堅密身一切塵中見。僧問。如何是古佛心。師曰。汝疑阿那箇不是。問如何是常在底人。師曰。更問阿誰。

토끼뿔

∽ "오직 하나의 견고하고 비밀한 몸이 일체 티끌 속에서도 드러난다 하고, 또 부처의 몸은 법계에 가득하여 일체 중생의 앞에 두루 나타난다고 하니, 이 두 갈래를 스님께서 말씀해 주십시오." 했을 때

대원은 "이대로다." 하리라.

∽ "어떤 것이 항상 있는 사람입니까?" 했을 때

대원은 "사실이다." 하리라.

앞의 무주(撫州) 용제산(龍濟山) 소수(紹修) 선사의 법손

하동(河東) 광원(廣原) 화상

광원 화상에게 어떤 승려가 물었다.
"어떤 것이 불법의 대의입니까?"
대사가 게송으로 말하였다.

국토마다 형상과 거동을 나투고
티끌마다 깨달아 앎을 갖추었네

前撫州龍濟山紹修禪師法嗣。河東廣原和尚。僧問。如何是佛法大意。師示偈曰。
　刹刹現形儀
　塵塵具覺知

성품 근원에서 항상 일으키면서도
일찍이 움직인 적 없음을 깨닫지 못하네

性源常鼓浪
不悟未曾移

 토끼뿔

"어떤 것이 불법의 대의입니까?" 했을 때

대원은 "해골의 외침이니라." 하리라.

앞의 형악(衡嶽) 남대(南臺) 수안(守安) 선사의 법손

양주(襄州) 취령(鷲嶺) 선미(善美) 선사(제3세 주지)

선미 선사에게 어떤 승려가 물었다.
"어떤 것이 취령의 경지입니까?"
대사가 말하였다.
"현산(峴山)은 벽옥봉(碧玉峯)을 대하고, 강물은 남쪽을 향해 흐른다."
"어떤 것이 경지 안의 사람입니까?"
"무슨 일이 있는가?"

前衡嶽南臺守安禪師法嗣。襄州鷲嶺善美禪師(第三世住)。僧問。如何是鷲嶺境。師曰。峴山對碧玉江水往南流。曰如何是境中人。師曰。有什麼事。

"백 갈래의 개울들이 함께 큰 바다로 돌아가는데, 큰 바다에는 몇 방울의 물이 있습니까?"
"그대는 바다에 이른 적이 있는가?"
"바다에 이른 후에는 어찌하시겠습니까?"
"내일 오라. 그대에게 말해 주리라."

問百川異流還歸大海。未審大海有幾滴。師曰。汝還到海也未。曰到海後如何。師曰。明日來向汝道。

토끼뿔

"백 갈래의 개울들이 함께 큰 바다로 돌아가는데, 큰 바다에는 몇 방울의 물이 있습니까?" 했을 때

대원은 "쉬어라." 하리라.

앞의 장주(漳州) 융수원(隆壽院) 무일(無逸) 선사의 법손

장주(漳州) 융수(隆壽) 법건(法騫) 선사

법건 선사는 천주(泉州) 진강현(晋江縣) 사람으로 성은 시(施)씨이다. 어머니 요(廖)씨가 처음 태기가 있을 때에 누린내와 비린내를 싫어하였다. 대사는 태어나서 자란 뒤에 고향의 개원사 보리원(菩提院)에서 출가하여 계를 받고는 장주로 가서 무일(無逸) 화상을 뵙고 법을 깨쳤다.

前漳州隆壽院無逸禪師法嗣。漳州隆壽法騫禪師。泉州晉江縣人也。姓施氏。母廖氏始娠頓惡葷腥。及長捨於本州開元寺菩提院出家納戒。詣漳州參逸和尚得旨。

이때에 자사(刺史)인 진홍섬(陳洪銛)이 법문을 열어 주지[6]하기를 청하므로 법상에 올라 대중에게 말하였다.

"오늘 융수가 세상에 출현하니 삼세의 부처님들과 삼라만상이 함께 세상에 출현하여 함께 법륜을 굴린다. 여러분은 보는가?"

어떤 승려가 물었다.

"어떤 것이 융수의 경지입니까?"

대사가 말하였다.

"그대가 발 들여놓을 곳도 없다."

"어떤 것이 경지 안의 사람입니까?"

"경지가 있다는 것도 알지 못한다."

어떤 승려가 뵈러 와서 하루를 묵은 뒤에 방장실에 들어와 마음의 요긴함을 물으니, 대사가 말하였다.

刺史陳洪銛請開堂住持(隆壽第三世住)。上堂謂眾曰。今日隆壽出世。三世諸佛森羅萬象同時出世同時轉法輪。諸人還見麼。僧問。如何是隆壽境。師曰。無汝插足處。曰如何是境中人。師曰。未識境在。有僧到參。至明日入方丈請師心要。師曰。

---

6) 융수 제3세 주지. (원주)

"어제 만났을 때에 행동거지의 차례에 따랐고, 오늘 아침에도 서로 보는 데서 역시 그러했는데, 어찌 마음의 요긴함을 찾아서 드러낸 것이라 하며, 마음의 요긴함이라 하나 어찌 특별한 경지라 하겠느냐?"

昨日相逢序起居。今朝相見事還如。如何却覓呈心要。心要如何特地疏。

🐦 토끼뿔

"어떤 것이 융수의 경지입니까?" 했을 때

대원은 "어디에 있느냐?" 하고

"어떤 것이 경지 안의 사람입니까?" 했을 때

대원은 "돌장승이다." 하리라.

앞의 여산(廬山) 귀종사(歸宗寺) 도전(道詮) 선사의 법손

균주(筠州) 구봉(九峯) 의전(義詮) 선사

의전 선사에게 어떤 승려가 물었다.
"어떤 것이 조사께서 서쪽에서 오신 뜻입니까?"
대사가 말하였다.
"힘 있는 사람은 업고도 달린다."

前廬山歸宗寺道詮禪師法嗣。筠州九峯義詮禪師。僧問。如何是祖師西來意。師曰。有力者負之而趨。

 토끼뿔

"어떤 것이 조사께서 서쪽에서 오신 뜻입니까?" 했을 때

대원은 "주장자 끝에 짚신이니라." 하리라.

앞의 미주(眉州) 황룡(黃龍) 계달(繼達) 선사의 법손

미주(眉州) 황룡(黃龍) 화상(제2세 주지)

황룡 화상에게 어떤 승려가 물었다.
"어떤 것이 비밀한 방입니까?"
대사가 말하였다.
"도끼로 찍어도 열 수 없다."
"어떤 것이 방안의 사람입니까?"
"남자도 여자도 아니다."

前眉州黃龍繼達禪師法嗣。眉州黃龍第二世和尚。僧問。如何是密室。師曰。斫不開。曰如何是密室中人。師曰。非男女相。

"나라 안에서 칼을 뽑아 든 이가 누구입니까?"
"번성한 복덕이다."
"갑자기 존귀한 이를 만나면 어찌하시겠습니까?"
"남김이 없다."

問國內按劍者是誰。師曰。昌福。曰忽遇尊貴時如何。師曰。不遺。

 토끼뿔

∽ "어떤 것이 비밀한 방입니까?" 했을 때

대원은 "드러났다." 하리라.

∽ "갑자기 존귀한 이를 만나면 어찌하시겠습니까?" 했을 때

대원은 "차 마시며 무현금으로 즐긴다." 하리라.

앞의 낭주(朗州) 양산(梁山) 연관(緣觀) 선사의 법손

영주(郢州) 대양산(大陽山) 경현(警玄) 선사

경현 선사에게 어떤 승려가 물었다.

"넓고 큰 총림의 법고(法鼓)가 요란한데 모든 것을 초월했다는 것마저 세우지 않는 종승(宗乘)을 어떻게 들어 제창하시겠습니까?"

대사가 말하였다.

"그에게는 소식이라는 것도 없거늘 어떻게 대꾸하겠는가?"

"오늘의 종승은 이미 스님께서 가리켜 보여 주시는 혜택을 받았습니다마는 스님은 누구의 법을 이으셨습니까?"

前朗州梁山緣觀禪師法嗣。郢州大陽山警玄禪師。僧問。叢林浩浩法鼓喧喧。向上宗乘如何擧唱。師曰。他無箇消息爭肯應當。曰今日宗乘已蒙師指示。未審法嗣嗣何人。

"양산(梁山)이 진(秦)나라 때의 거울[7]을 골라냈는데 장경봉(長慶峯) 앞에서 한결같이 비친다."

"어떤 것이 대양의 경지입니까?"
"외로운 학과 늙은 원숭이의 울음이 골짜기를 울리고, 여윈 소나무와 차가운 대를 푸른 연기가 감쌌다."
"어떤 것이 경지 안의 사람입니까?"
"무엇인가? 무엇인가?"

"어떤 것이 대양의 가풍입니까?"
"병에 가득하나 쏟아도 나오는 것이 아니어서 큰 바탕에는 주린 사람이 없다."

"어떤 것이 부처입니까?"

師曰。梁山點出秦時鏡。長慶峯前一樣輝。問如何是大陽境。師曰。孤鶴老猿啼谷韻。瘦松寒竹鎖靑煙。曰如何是境中人。師曰。作麼作麼。問如何是大陽家風。師曰。滿缾傾不出大地無饑人。問如何是佛。

---

7) 중국 진나라의 시황제가 사람의 선악, 사정(邪正)을 비추어 보았다는 거울.

"너는 무엇이 부처가 아니라 하는가?"
"학인이 알지 못하니 어찌하겠습니까?"
"아득히 늦가을의 달이 뜨지 않았지만 일구(一句)의 분명함이 어찌 등불에 있으랴."

"어떤 것이 조사께서 서쪽에서 오신 뜻입니까?"
"물어서 안다 하면 맞지 않다."
"학인이 모를 때에는 어떠합니까?"
"섬부의 무쇠소는 사람마다 알고, 변화(卞和)가 옥을 얻은 사실은 아직껏 전한다."

"어떤 것이 대양의 법신을 꿰뚫는 구절입니까?"
"큰 바다 밑바닥에 붉은 먼지가 일고, 수미산 꼭대기에 물이 세로로 흐른다."

師曰。汝何不是佛。曰學人不會時如何。師曰。迢然不掛三秋月。一句當陽豈在燈。問如何是祖師西來意。師曰。解問不當。曰學人不會時如何。師曰。陝府鐵牛人皆嚮。卞和得玉至今傳。問如何是大陽透法身底句。師曰。大洋海底紅塵起。須彌頂上水橫流。

"우두가 4조를 보기 전에는 어째서 백 가지 새가 꽃을 물고 왔습니까?"

"문을 나선 오계(烏雞)의 머리에 눈〔雪〕이 쌓였다."

"본 뒤에는 어째서 꽃을 물어오지 않았습니까?"

"이글거리는 해가 하늘 복판에 당도한 뒤 오계가 집에서 날아 나간다."

問牛頭未見四祖時爲什麼百鳥銜華。師曰。出戶烏雞頭戴雪。曰見後爲什麼不銜華。師曰。杲日當天後烏雞出戶飛。

🐦 토끼뿔

∽ "넓고 큰 총림의 법고(法鼓)가 요란한데 모든 것을 초월했다는 것마저 세우지 않는 종승(宗乘)을 어떻게 들어 제창하시겠습니까?" 했을 때

대원은 "더 이상 말할 게 없다." 하리라.

∽ "오늘의 종승은 이미 스님께서 가리켜 보여 주시는 혜택을 받았습니다마는 스님은 누구의 법을 이으셨습니까?" 했을 때

대원은 "거센 파도는 흰 이를 드러내고 갈매기는 평화롭다." 하리라.

길주(吉州) 청원산(靑原山) 행사(行思) 선사의 제10세
앞의 천태산(天台山) 덕소(德韶) 국사의 법손

항주(杭州) 혜일(慧日) 영명사(永明寺) 지각(智覺) 연수(延壽) 선사

연수 선사는 여항(餘杭) 사람으로 성은 왕(王)씨이다. 어린 나이 때부터 불법에 마음을 두더니, 20세가 되자 누린내 나는 것을 먹지 않고 하루에 한 끼니만을 먹었다.

吉州靑原山行思禪師第十世。前天台山德韶國師法嗣。杭州慧日永明寺智覺禪師延壽。餘杭人也。姓王氏。總角之歲歸心佛乘。既冠不茹葷。日唯一食。

『법화경』을 읽는데 일곱 줄을 동시에 보아 60일 만에 다 외우니 많은 염소들이 감동하여 꿇어앉아 들었다.

28세에 화정진(華亭鎭) 장군이 되었는데, 때마침 취암(翠巖) 영명(永明) 대사가 용책사(龍册寺)로 옮겨와서 현묘한 법화를 크게 드날리고 있었다. 이때에 오월(吳越)의 문목왕(文穆王)이 대사가 도를 사모하는 것을 알고 그의 뜻을 따라 출가를 허락하였다.

취암을 스승으로 삼고 대중을 시봉하기에 힘쓰되, 몸을 돌보지 않고 옷은 비단을 입지 않았으며, 음식은 두 맛을 함께 보지 않고 그저 들채소와 베옷으로 세월을 보냈다.

그러다가 바로 천태산으로 가서 천주봉(天柱峯)에서 90일 동안 선정을 익히는데 까마귀 종류인 척안(尺鷃)이 옷자락 속에다 둥지를 지었다.

持法華經七行俱下。纔六旬悉能誦之。感群羊跪聽。年二十八爲華亭鎭將。屬翠巖永明大師遷止龍册寺大闡玄化。時吳越文穆王知師慕道。乃從其志放令出家。禮翠巖爲師。執勞供眾都忘身宰。衣不繒纊食無重味。野蔬布襦以遣朝夕。尋往天台山天柱峯九旬習定。有烏類尺鷃巢於衣褔之中。

덕소 국사가 한 번 보고 깊은 그릇으로 여기어 비밀히 현묘한 수기를 주면서 말하였다.

"그대는 원수(元帥)와 인연이 있다. 다음날 크게 불사를 일으킬 것이다."

이와 같이 비밀히 수기를 받고 처음에는 명주(明州)의 설두산(雪竇山)에 사니 학자들이 구름같이 모였다.[8]

대사가 법상에 올라 말하였다.

"설두(雪竇)의 이 경지는 내리치는 천 길 폭포에 좁쌀 만큼도 멈추는 것이 없고, 기이한 만 길 바위에 발 붙일 곳이 없다. 여러분들은 어느 곳을 향해 나아가겠는가?"

이때에 어떤 승려가 물었다.

"설두의 지름길을 어떻게 밟으리까?"

曁謁韶國師一見而深器之密授玄旨。仍謂師曰。汝與元帥有緣。他日大興佛事密受記。初住明州雪竇山學侶臻湊(咸平元年賜額曰資聖寺)。師上堂曰。雪竇這裏迅瀑千尋不停纖粟。奇巖萬仞無立足處。汝等諸人向什麼處進步。時有僧問。雪竇一徑如何履踐。

---

8) 함평 원년에 자성사라는 편액을 하사하였다. (원주)

대사가 말하였다.

"걸음걸음마다 성에가 끼고, 말마다 철저히 바닥까지 얼어붙는다."

건륭(建隆) 원년에 충의왕(忠懿王)이 영은산(靈隱山)의 새 절에 들어와 살라 하여 제1세 주지가 되었고, 이듬해에 다시 영명(永明) 대도량에 살라고 청하여 제2세 주지가 되니, 대중이 2,000명을 넘었다.

어떤 승려가 물었다.

"어떤 것이 영명의 묘한 뜻입니까?"

대사가 말하였다.

"다시 향기를 더한다."

"스님께서 가리켜 보여 주셔서 고맙습니다."

"기뻐한다만 교섭한 것이라고도 말라."

대사가 게송을 읊었다.

師曰。步步寒華結言言徹底氷。建隆元年忠懿王請入居靈隱山新寺為第一世。明年復請住永明大道場為第二世。眾盈二千。僧問。如何是永明妙旨。師曰。更添香著。曰謝師指示。師曰。且喜勿交涉。師有偈曰。

영명의 뜻을 알고자 하는가
문앞의 한 호수이니라
해가 비추니 광명이 나고
바람이 부니 물결이 이네

"학인이 오랫동안 영명에 있었는데 어째서 영명의 가풍을 알 수 없습니까?"
"모른다고 하는 곳을 알아 지녀라."
"알지 못하는 곳을 어떻게 알겠습니까?"
"소가 새끼를 배었는데 코끼리를 낳고, 푸른 바다에서 붉은 먼지가 난다."

欲識永明旨
門前一湖水
日照光明生
風來波浪起
問學人久在永明。爲什麽不會永明家風。師曰。不會處會取。曰不會處如何會。師曰。牛胎生象子碧海起紅塵。

"부처가 되고 조사가 되어도 벗어나지 못하고, 육도를 윤회해도 벗어나지 못한다 하니, 어디를 벗어나지 못한다는 것입니까?"
"나가라. 너는 묻는 곳을 얻지 못했다."

"듣건대 경전에 여러 부처님과 일체 불법이 모두 이 경에서 나왔다고 하니, 어떤 것이 이 경입니까?"
"항상 굴려 머무름이 없으니, 뜻도 아니고 소리도 아니다."
"어떻게 받아 지니오리까?"
"이를 받아 지니고자 한다면 응당히 눈으로 들어야 한다."

"어떤 것이 대원경(大圓鏡)입니까?"
"깨진 동이니라."

대사가 영명 도량에 있은 지 15년 동안에 제자들 1700명을 제도하였다.

問成佛成祖亦出不得。六道輪迴亦出不得。未審出箇什麼不得。師曰。出汝問處不得。問承教有言。一切諸佛及佛法皆從此經出。如何是此經。師曰。長時轉不停非義亦非聲。曰如何受持。師曰。若欲受持者應須用眼聽。問如何是大圓鏡。師曰。破砂盆。師居永明道場十五載。度弟子一千七百人。

개보(開寶) 7년에 천태산(天台山)에 들어가 계를 설하여 만여 명을 제도하였으며, 항상 칠중(七衆)[9]에게 보살계를 설해 주고, 밤에는 귀신에게 밥을 나눠주며, 아침에는 뭇 생명의 목숨을 풀어 주었으니, 그 수효는 헤아릴 수 없었다.

하루에 여섯 때 산화 의식을 하였고 나머지 시간을 이용해서 『법화경』만 삼천 번을 읽었고, 『종경록(宗鏡錄)』백 권과 시, 게송, 부(賦), 영(詠) 등 천만 마디를 저술했는데 해외까지 퍼졌다.

고려국의 왕이 대사의 설법을 전해 듣고 사신을 보내 제자의 예를 올리면서 금실로 짠 가사와 자수정으로 만든 염주와 금조관(金澡罐) 등을 바쳤다. 그리고 그 나라의 승려 36인이 직접 수기를 받고 나서 차례로 본국으로 돌아가 제각기 한 지방에서 교화하였다.

開寶七年入天台山度戒約萬餘人。常與七眾受菩薩戒。夜施鬼神食。朝放諸生類不可稱算。六時散華行道。餘力念法華經一萬三千部。著宗鏡錄一百卷。詩偈賦詠凡千萬言。播於海外。高麗國王覽師言教。遣使齎書敘弟子之禮。奉金線織成袈裟紫水精數珠金澡罐等。彼國僧三十六人親承印記。前後歸本國各化一方。

---

9) 칠중(七衆) : 구족계(具足戒)를 받은 남녀인 비구·비구니, 소계(小戒)를 받은 남녀인 사미·사미니, 육법을 배운 사미니인 식차마나(式叉摩那), 오계(五戒)를 받은 재가 남녀인 우바새·우바이를 일컫는다.

개보 8년 을해(乙亥) 12월에 병이 나더니 26일 진시에 향을 피우고 대중에게 고한 뒤에 가부좌를 틀고 앉아서 입멸하였다.

이듬해 정월 6일에 대자산(大慈山)에다 탑을 세우니, 수명은 72세이고, 법랍은 42세였다. 태종(太宗) 황제가 수녕 선원(壽寧禪院)이란 편액을 하사하였다.

以開寶八年乙亥十二月示疾。二十六日辰時焚香告眾跏趺而亡。明年正月六日塔於大慈山。壽七十二。臘四十二。太宗皇帝賜額曰壽寧禪院。

 토끼뿔

∽ "설두의 지름길을 어떻게 밟으리까?" 했을 때

대원은 "밟고 사느니라." 하리라.

∽ "어떤 것이 영명의 묘한 뜻입니까?" 했을 때

대원은 "전북 익산은 붉은 옥이 명물이고, 포천 일동엔 막걸리가 유명하다." 하리라.

∽ "부처가 되고 조사가 되어도 벗어나지 못하고, 육도를 윤회해도 벗어나지 못한다 하니, 어디를 벗어나지 못한다는 것입니까?" 했을 때

대원은 "벗어날 곳이 없다." 하리라.

∽ "듣건대 경전에 여러 부처님과 일체 불법이 모두 이 경에서 나왔다고 하니, 어떤 것이 이 경입니까?" 했을 때

대원은 "바릿대 속의 물 끓는 소리니라." 하고

"어떻게 받아 지니오리까?" 했을 때

대원은 "받는 것이라면 지닐 것이 못된다." 하리라.

∽ "어떤 것이 대원경(大圓鏡)입니까?" 했을 때

대원은 "대원경이니라." 하리라.

온주(溫州) 대녕원(大寧院) 가홍(可弘) 선사

가홍 선사에게 어떤 승려가 물었다.
"어떤 것이 바르고 참된 외길입니까?"
대사가 말하였다.
"일곱 번 미끄러지고 여덟 번 쓰러진다."
"그러면 법문이 특별할 것이 없겠습니다."
"나는 그대가 잘못 알 줄로 알았다."

"환하게 밝아서 털끝 하나 없을 때에는 어떠합니까?"
"이미 화두에 떨어졌구나."
"스님께서 가리켜 보여 주십시오."
"또 헛소리 말라."

溫州大寧院可弘禪師。僧問。如何是正真一路。師曰。七顚八倒。曰恁麼即法門無別去也。師曰。我知汝錯會去。問皎皎地無一絲頭時如何。師曰。話頭已墮。曰乞師指示。師曰。適來亦不虛設。

"위로부터의 종승을 스님께서 들어 제창해 주십시오."
"그대의 물음이 너무 늦었다."
"그러면 선타바(仙陀婆)가 못 되겠습니다."
"그대가 그렇게 할 줄 익히 알았다."

問向上宗乘請師擧揚。師曰。汝問太遲生。曰恁麼即不仙陀去也。師曰。深知汝恁麼去。

 토끼뿔

∽ "어떤 것이 바르고 참된 외길입니까?" 했을 때

대원은 "트였다." 하리라.

∽ "환하게 밝아서 털끝 하나 없을 때에는 어떠합니까?" 했을 때

대원은 "그런 말이 없느니라." 하리라.

소주(蘇州) 안국(安國) 장수원(長壽院) 붕언(朋彦) 대사

붕언 대사는 영가(永嘉) 사람으로 성은 진(秦)씨이다. 고향의 개원사(開元寺)에서 수행하였는데 처음에 무주(婺州) 금릉(金陵) 보자 화상에게 참문했다가 나중에 혜명(慧明) 선사의 충고로 천태에 가서 정법안(正法眼)을 깨달았다. 이로부터 인연 따라 법을 폈는데 고소(姑蘇) 지방에서 성대히 교화하였다.

고소의 절수(節帥)인 전인봉(錢仁奉)이 소중히 예우하고 절을 지어 법륜 굴리기를 청하였으며 본국에서는 자의(紫衣)를 하사하고 광법 대사(廣法大師)라는 호를 봉하였다.

어떤 승려가 물었다.
"어떤 것이 현묘한 종지입니까?"

蘇州安國長壽院朋彦大師。永嘉人也。姓秦氏。本州開元寺受業。初參婺州金陵寶資和尚。後因慧明禪師激發而歸於天台之室悟正法眼。自此隨緣闡法盛化姑蘇。節帥錢仁奉禮重創院請轉法輪。本國賜紫衣。署廣法大師。僧問。如何是玄旨。

대사가 말하였다.
"네 모서리가 땅에 닿았다."

"어떤 것이 털끝 하나 없는 법입니까?"
"산하대지이니라."
"그러면 상(相)이라 하나 상이 아니겠습니다."
"그것도 미친 소리이다."

"어떤 것이 지름길 말입니까?"
"천 구비와 만 구비이니라."
"그러면 모두 아닌 것이 없겠습니다."
"그게 무슨 소린가?"

"어떤 것이 도입니까?"
"비스듬히 걷기는 쉽지 않다."

師曰。四稜塌地。問如何是絶絲毫底法。師曰。山河大地。曰恁麼則即相而無相也。師曰。也是狂言。問如何是徑直之言。師曰。千迂萬曲。曰恁麼即無不總是也。師曰。是何言歟。問如何是道。師曰。跋涉不易。

대사는 건륭(建隆) 2년 신유(辛酉)에 주지의 직책을 문인인 법재에게 넘겨주어 뒤를 따라 법을 설하도록 하고는 그해 4월 6일에 입멸하니, 수명은 49세이고, 법랍은 35세였다.

師建隆二年辛酉以住持付門人法齊繼世說法。即其年四月六日示滅。壽四十九。臘三十五。

 토끼뿔

༄ "어떤 것이 현묘한 종지입니까?" 했을 때

대원은 "숫돌소가 아이 낳은 것이니라." 하리라.

༄ "어떤 것이 지름길 말입니까?" 했을 때

대원은 "계수 나무니라." 하리라.

항주(杭州) 오운산(五雲山) 화엄도량(華嚴道場) 지봉(志逢) 대사

지봉 대사는 여항(餘杭) 사람으로 날 때부터 누린내와 비린내를 싫어하였으며 피부가 맑고 향기로웠다. 어린 나이에 고향에 있는 동산 낭첨원(朗瞻院)에서 출가하였고, 나이가 들자 구족계를 받은 뒤에 삼학(三學)[10]을 두루 통달하고 성상(性相)을 요달하였다.

일찍이 꿈을 꾸었는데 수미산에 올라가 세 부처님이 줄지어 앉아 계신 것을 보았다. 처음은 석가요, 다음은 미륵이어서 모두 그 발 앞에 절을 했으나 셋째 부처님은 알 수 없으므로 우러러 뵙기만 하였다. 이때에 석가 부처님께서 보이시고 말씀하시기를 "이 분이 미륵의 보처존(補處尊)[11]이신 사자월불(師子月佛)이시다."라고 하셨다.

杭州五雲山華嚴道場志逢大師。餘杭人也。生惡葷血膚體香潔。幼歲出家於本邑東山朗瞻院。依年受具。通貫三學了達性相。嘗夢陟須彌山覩三佛列坐。初釋迦次彌勒皆禮其足。唯不識第三佛。但仰視而已。時釋迦示之曰。此是彌勒補處師子月佛。

---

10) 삼학(三學) : 계율, 선정, 지혜.
11) 보처존(補處尊) : 부처님을 곁에서 모시고 있는 다음에 부처가 되실 분.

대사가 그제야 예배를 하고, 꿈을 깬 뒤에 대장경을 열람하니 꿈에서 본 일과 부합되었다.
천복(天福) 때에 제방으로 다니다가 천태산 운거(雲居) 도량에 들려서 국사께 참문하니, 손과 주인의 인연이 맞아 불가사의한 비밀을 단박에 깨달았다.

어느 날 보현전(普賢殿)에 들어가서 편안하게 앉아 있는데 갑자기 어떤 신인(神人)이 그 앞에 꿇어앉았다. 이에 대사가 물었다.
"그대는 누구인가?"
그가 대답하였다.
"호계신(護戒神)¹²⁾입니다."
"나는 전생의 잘못을 다 소멸하지 못한 것이 있는데 그대는 알겠는가?"
"스님께서 무슨 죄가 있겠습니까? 오직 조그마한 잘못이 있을 뿐입니다."

師方作禮。覺後因閱大藏經乃符所夢。天福中遊方抵天台山雲居道場參國師。賓主緣契頓發玄祕。一日因入普賢殿中宴坐。儵有一神人跪膝於前。師問曰。汝其誰乎。曰護戒神也。師曰。吾患有宿愆未殄汝知之乎。曰師有何罪唯一小過耳。

---

12) 호계신(護戒神) : 계를 지키는 선신.

대사가 말하였다.

"무엇인가?"

"발우를 씻은 물도 시주받은 것인데 스님은 항상 쏟아 버리셨습니다. 그러지 마셔야 합니다."

말을 마치고 사라지니, 이로부터 대사는 발우 씻은 물을 다 마셨다. 그리하여 오래 계속되던 위장병을 10년 만에 고쳤다.

오월(吳越)의 국왕이 대사의 도풍(道風)을 듣고 불러서 자의를 하사하고 보각 대사(普覺大師)라는 호를 내렸다. 처음에는 임안(臨安)의 공신원(功臣院)에 있으라고 분부하니 현묘함을 배우는 무리가 밀려왔다.

대사가 법상에 올라 말하였다.

"여러 상좌들이여, 한 선지식을 떠나서 다른 한 선지식을 참문하는 것은 모두가 선재동자가 선지식을 찾던 양식을 배운 것이다.

師曰。何也。曰凡折鉢水亦施主物。師每常傾棄非所宜也。言訖而隱。師自此洗鉢水盡飲之。積久因致脾胃疾。十載方愈。吳越國王嚮其道風。召賜紫署普覺大師。初命住臨安功臣院。玄侶輻湊。師上堂曰。諸上座捨一知識而參一知識。盡學善財南游之式樣也。

잠시 여러 상좌들에게 묻노니, 선재가 문수를 하직하고 묘봉산(妙峯山)에 올라가서 덕운(德雲) 비구를 만나려 했는데, 거기에 이르고 나니 어찌 덕운 비구를 특별한 봉우리에서만 보았다고 하겠는가?[13]

무릇 조사의 뜻과 경전의 뜻은 동일한 방편이어서 끝내 다른 도리가 없다. 저 일을 밝히면 이 일도 또한 분명하리라.

여러 상좌들이여, 지금 이 노승의 주위에 모여 있는데 나를 만난 것인가, 만나지 못한 것인가? 이곳이 묘봉인가, 딴 봉우리인가? 만일 여기에서 깨닫는다면 가히 이 노승을 배신하지 않았다 할 것이며, 또한 덕운 비구를 항상 만나서 잠시도 여의지 않는다 하리라. 믿는가?"

且問上座。只如善財禮辭文殊擬登妙峯山謁德雲比丘。及到彼所何以德雲却於別峯相見。夫教意祖意同一方便終無別理。彼若明得此亦昭然。諸上座即今簇著老僧。是相見是不相見。此處是妙峯是別峯。脫或從此省去。可謂不孤負老僧。亦常見德雲比丘。未嘗刹那相捨離。還信得及麼。

---

13) 화엄경 입법계품의 일화.

어떤 승려가 물었다.

"총림에서 들어 제창하는 일은 오직 지금을 위한 곡조인데, 어떤 것이 공신원의 분명한 뜻입니까?"

대사가 말하였다.

"보았는가?"

"그러면 대중이 모두 기뻐하겠습니다."

"나는 그대를 사자 새끼로 여겼다."

"부처와 부처가 직접 전하시고 조사와 조사가 마음을 전하셨는데, 화상께서는 무엇을 전하십니까?"

"그대가 받아들일 수 있겠는가?"

"학인이 받아들일 수 없다면 다른 사람인들 받아들일 수 있겠습니까?"

"대중이 그대를 비웃는다."

僧問。叢林舉唱曲為今時。如何是功臣的的意。師曰。見麼。曰恁麼即大眾咸欣也。師曰。將謂獅子兒。問佛佛授手祖祖傳心。未審和尚傳箇什麼。師曰。汝承當得麼。曰學人承當不得。還別有人承當得否。師曰。大眾笑汝。

"어떤 것이 여래장입니까?"
"묻는 것과 같다."

"어떤 것이 부처님들의 기틀입니까?"
"일렀는데 바로 깨달았는가?"

어느 날 대사가 법상에 올라 말없이 보이고 말하였다.
"대중이여, 보는 놈을 보아라."
그리고는 자리에서 내려와 방장으로 돌아갔다.

개보 초에 충의왕(忠懿王)이 보문정사(普門精舍)를 짓고 세 차례나 주지되기를 청하자 다시 종지의 요긴함을 드날리니, 대사가 곧 보문의 제1세 주지였다.

대사가 법상에 올라 말하였다.

問如何是如來藏。師曰。恰問著。問如何是諸佛機。師曰。道是得麼。師一日上堂良久曰。大眾看看。便下座歸方丈。開寶初忠懿王創普門精舍。三請住持再揚宗要。即普門第一世。師上堂曰。

"고덕(古德)이 법을 위해 행각할 때에는 진실로 수고로운 것을 꺼리지 않았으니, 설봉 화상이 세 차례 투자(投子)에게 갔었고, 아홉 차례 동산(洞山)에게 올라가 머무르고 왕래하면서 들어갈 길을 찾았으나 찾지 못했다.

그대들이 요새 참학(參學)하는 것을 보건대 문턱에 들어서자마자 곧 내가 제접해 주거나 소상히 선을 설해 주기를 바란다.

그러나 그대들이 부사의한 극치의 도를 이루고자 한다면서 어찌 등한히 할 수 있겠는가? 하물며 이 일은 깨닫는 시기가 있는데 조급하게 구한다고 어찌 깨닫겠는가? 그대들이 깨달을 때를 알고자 하는가? 당장에라도 각각 방으로 돌아가 조용히 앉아 앙가봉(仰家峯)이 고개를 끄덕이기까지 기다려라. 그때 내가 그대들에게 말해 주리라."

古德為法行脚實不憚勤勞。如雪峯和尚三迴到投子九度上洞山。盤桓往返尚求箇入路不得。看汝近世參學人。纔跨門來便待老僧接引指掌說禪。且汝欲造玄極之道。豈當[14)]等閑。況此事悟亦有時。躁求焉得。汝等要知悟時麼。如今各且下去堂中靜坐。直待仰家峯點頭。老僧即為汝[15)]說。

---

14) 當이 송나라, 원나라본에는 同으로 되어 있다.
15) 汝 다음에 송나라, 원나라본에는 分이 있다.

이때에 어떤 승려가 나서면서 말하였다.
"앙가봉이 고개를 끄덕였습니다. 스님께서 말씀해 주십시오."
대사가 말하였다.
"대중들이여, 말해 봐라. 이 승려가 노승의 말을 알았다 하겠는가, 알지 못했다 하겠는가?"
그 승려가 절을 하니, 대사가 말하였다.
"오늘 이러-하거늘 거울을 잃었었더냐?"

"어떤 것이 보문의 가풍입니까?"
"몇 사람이 보아도 족하지 않은가?"
"어떤 것이 보문의 경지입니까?"
"그대는 가는 곳마다 가풍이나 묻는 것을 그만 두어라."

대사는 개보 4년에 굳이 국왕을 하직하고 늙었다는 이유로 숲속에서 휴양하기를 원하였다.

時有僧出曰。仰家峯點頭也請師說。師曰。大眾且道。此僧會老僧語不會老僧語。其僧禮拜。師曰。今日偶然失鑒。問如何是普門家風。師曰。幾人觀不足。曰如何是普門境。師曰。汝到處且問家風了休。師開寶四年固辭國主。稱年老願依林泉頤養。

이때에 대장(大將)인 능초(凌超)가 오운산(五雲山)에 새로 지은 화엄도량을 바치며 여생을 마칠 도량으로 삼으라 하였다.

옹희(雍熙) 2년 을유(乙酉) 11월에 홀연히 병이 나더니, 25일에 시자에게 향탕을 준비하라 해서 몸을 씻고 가부좌를 틀고 앉아 말없이 보이고 입적하였다. 수명은 77세이고, 법랍은 58세요, 탑호는 보봉상조(寶峯常照)라고 하였다.

時大將凌超以五雲山新創華嚴道場。奉施爲終老之所。雍熙二年乙酉十一月忽示疾。二十五日命侍僧辦香水盥沐跏趺而坐。良久告寂。壽七十七。臘五十八。塔曰寶峯常照。

 토끼뿔

༄ "어떤 것이 여래장입니까?" 했을 때

대원은 "백로는 희다." 하리라.

༄ "어떤 것이 부처님들의 기틀입니까?" 했을 때

대원은 "드러났다." 하리라.

항주(杭州) 보은(報恩) 광교사(光教寺) 혜월(慧月) 법단(法端) 선사(제3세 주지)

법단 선사가 법상에 올라 말하였다.
"며칠 저녁을 두고 여러 상좌들과 함께 이러쿵저러쿵 따졌으나 아직도 그 근원을 다하지 못했다. 오늘은 상좌들에게 방편문을 활짝 열어 주어 한꺼번에 말해 버리려 하는데 즐거이 원하는가? 오래 서 있었다. 안녕."

어떤 승려가 물었다.
"학인이 이렇게 올라왔으니 스님께서 제접해 주십시오."
대사가 말하였다.
"제접하지 않겠다."
"어째서 제접하시지 않습니까?"
"그대는 무척 영리하기 때문이다."

杭州報恩光教寺慧月禪師法端(第三世住)。師上堂曰。數夜與諸上座東語西話猶未盡其源。今日與諸上座大開方便一時說却。還願樂也無。久立珍重。僧問。學人恁麼上來請師接。師曰。不接。曰為什麼不接。師曰。為汝太靈利。

 토끼뿔

"학인이 이렇게 올라왔으니 스님께서 제접해 주십시오."했을 때

대원은 "나의 제접이 어떤가?" 하리라.

항주(杭州) 보은(報恩) 광교사(光敎寺) 통변(通辨) 명달(明達) 소안(紹安) 선사(제4세 주지)

소안 선사가 법상에 올라 말하였다.
"일구(一句)로 젖은 불가사의함은 만겁에 썩지 않는다. 오늘 여러 상좌들을 위해 일구를 들어 보이리니 분명히 기억해 둬라. 안녕."

어떤 승려가 물었다.
"대중이 귀를 다 기울이고 있습니다. 스님께서 아끼지 마시기 바랍니다."
대사가 말하였다.
"괴이하구나."
"그러면 오늘 스승을 만났습니다."
"그것이 무슨 말이냐?"

杭州報恩光敎寺通辨明達禪師紹安(第四世住)。師上堂曰。一句染神萬劫不朽。今日爲諸上座擧一句。分明記取。珍重。僧問。大衆側聆請師不吝。師曰。奇怪。曰恁麼即今日得遇於師也。師曰。是何言歟。

대사가 어느 때 대중에게 보이고 말하였다..

"땅 위에 두루 펼쳐져 있는 누대(樓臺)가 항상 조사의 법인(法印)으로 제접하고 있는 것이니, 여러 상좌들은 참구해 봐라. 오래 서 있었다. 안녕."

"어떤 것이 화상의 가풍입니까?"
대사가 말하였다.
"일체처에 드러나 있다."
"그러면 고금을 꿰뚫겠습니다."
"부질없는 말을 말라."

師有時示眾曰。幸有樓臺匝地常提祖印。不妨諸上座參取。久立珍重。問如何是和尚家風。師曰。一切處見成。曰恁麼即亘古亘今也。師曰。莫閑言語。

🐇 토끼뿔

"대중이 귀를 다 기울이고 있습니다. 스님께서 아끼지 마시기 바랍니다." 했을 때

대원은 "더 드러낼 수 없다." 하고

"그러면 오늘 스승을 만났습니다." 했을 때

대원은 "정원수도 질책한다." 하리라.

복주(福州) 광평원(廣平院) 수위(守威) 종일(宗一) 선사

종일 선사는 복주(福州) 후관(侯官) 사람이다. 서봉산(西峯山)에서 업을 닦다가 천태께 참문하여 법을 얻으니, 국사가 법의를 주었다.
이때에 어떤 승려가 물었다.
"대유령(大庾嶺) 마루턱에서 들어도 들리지 않던 것을 어떻게 스님께 전했습니까?"
대사가 옷을 번쩍 들면서 말하였다.
"누가 감히 천태를 얻었다 하겠는가?"
이때에 오월(吳越)의 충의왕(忠懿王)이 대사의 도덕을 듣고, 법을 펴면서 주지하기를 명하고 대사의 법호를 내리니, 현묘함을 배우는 무리가 모여들었다.

福州廣平院守威宗一禪師。福州侯官人也。西峯山受業。參天台得旨。國師授之法衣。時有僧問曰。大庾嶺頭提不起。如何傳授於師。師拈起衣曰。有人敢道天台得麼。時吳越忠懿王嚮德命闡法住持。署於師名玄徒臻萃。

법상에 올라 보이고 대중에게 말하였다.

"달마 대사께서 말씀하시기를 '나의 법은 3천 년 뒤에도 털끝만큼도 달라질 수 없다.'라고 하셨으니, 산승의 오늘도 달마의 법과 털끝만큼도 다름이 없다. 저 깨달은 이는 서로가 증명하고, 깨닫지 못한 이라 할지라도 털끝만큼도 다를 수는 없는 것이다."

어떤 승려가 물었다.

"큰 인경의 여운이 멈췄고 대중이 자리에 모였으니, 조사께서 서쪽에서 오신 뜻을 제창해 주십시오."

대사가 말하였다.

"큰 인경의 여운이 멈췄고 대중이 자리에 모였다."

"옛사람이 말하기를 '그대가 천성의 견해를 마음대로 한다지만 나에게 있어서는 천진불일 뿐이다.'라고 하였으니, 어떤 것이 천진불입니까?"

"천 성인이 아우이다."

上堂示眾曰。達磨大師云。吾法三千年後不移絲髮。山僧今日不移達磨絲髮。先達之者共相證明。若未達者不移絲髮。僧問。洪鍾韻絕大眾臨筵。祖意西來請師提唱。師曰。洪鍾韻絕大眾臨筵。問古人云。任汝千聖見我有天真佛。如何是天真佛。師曰。千聖是弟。

"어떤 것이 광평의 가풍입니까?"
"수용하지 못한 이가 누구인가?"

대사는 나중에 이산(怡山)의 장경(長慶)으로 옮겨서 살았는데 법상에 올라 대중에게 말하였다.
"경을 읽거나 청정한 행을 닦거나 소초(疎鈔)와 과목을 낼 필요가 없다. 다시 이론을 따질 여지가 있겠는가? 설사 있다 해도 그것은 이론이나 방편의 말일 뿐이다. 종승의 일은 어찌할 것인가?"
어떤 승려가 물었다.
"어떤 것이 서쪽에서 오신 뜻입니까?"
대사가 말하였다.
"아무도 대답할 수 있는 이가 없었다."
"스님의 방편을 보여 주십시오."
"왜 다시 묻지 않는가?"

대사는 나중에 장경에서 임종하였다.

問如何是廣平家風。師曰。誰不受用。師後遷住怡山長慶。上堂謂眾曰。不用開經作梵。不用展鈔牒科。還有理論處也無。設有理論處乃是方便之譚。宗乘事作麼生。僧問。如何是西來意。師曰。未曾有人答得。曰請師方便。師曰。何不更問。師後終於長慶。

 토끼뿔

"옛사람이 말하기를 '그대가 천성의 견해를 마음대로 한다지만 나에게 있어서는 천진불일 뿐이다.'라고 하였으니, 어떤 것이 천진불입니까?" 했을 때

대원은 "논산 은진 미륵이니라." 하리라.

항주(杭州) 보은(報恩) 광교사(光敎寺) 영안(永安) 선사(제5세 주지)

영안 선사는 온주(溫州)의 영가(永嘉) 사람으로 성은 옹(翁)씨이다. 어릴 때에 고향의 휘정(彙征) 대사에 의해 출가하여 나중에 당(唐)의 천성(天成) 때에 은사를 따라 서울에 들어왔다.

이때에 오월(吳越)의 충의왕(忠懿王)이 휘정 대사를 승정(僧正)으로 임명하였다. 대사는 속세의 업무를 싫어하여 비밀리 민천(閩川)으로 가서 선모임에 참석하려 하였으나, 때마침 앞길이 험난하여 갈 수 없었다. 천태산으로 돌아가서 띠집을 짓고 살다가 얼마 후 덕소 국사의 열어보임을 만나 본심을 단박에 깨닫고 나서 덕소의 곁을 떠났다.

杭州報恩光教寺第五世住永安禪師。溫州永嘉人也。姓翁氏。幼歲依本郡彙征大師出家。後唐天成中隨本師入國。吳越忠懿王命征為僧正。師尤不喜俗務。擬潛往閩川投訪禪會。屬路岐艱阻。遂迴天台山結茅而止。尋遇韶國師開示頓悟本心乃辭出[16]。

---

16) 出 다음에 송, 원나라본에는 山이 있다.

이에 휘정 대사가 충의왕에게 알리니, 처음에는 월주(越州)의 청태원(淸泰院)에 살라고 명하였고, 다음에는 상사(上寺)에 살라고 부르고는 이어 정각 공혜 선사(正覺空慧禪師)라는 호를 내렸다.

대사가 법상에 올라 말하였다.
"시방의 모든 부처님들이 일시에 모여서 여러 상좌들을 증명해주고, 여러 상좌들과 모든 부처님들이 일시에 증명되었다. 믿겠는가? 절대로 의심하지 말라."

어떤 승려가 물었다.
"사부대중이 구름같이 모였는데 어떻게 들어 제창하시겠습니까?"
대사가 말하였다.
"제방에 가거든 절대로 잘못 이야기하지 말라."
"학인뿐 아니라 대중이 믿을 자리가 있겠습니다."
"절이나 해라."

征師聞於忠懿王。初命住越州淸泰院。次召居上寺署正覺空慧禪師。師上堂曰。十方諸佛一時雲集。與諸上座證明。諸上座與諸佛一時證明。還信麼。切忌卜度。僧問。四眾雲臻如何舉唱。師曰。若到諸方切莫錯舉。曰非但學人大眾有賴。師曰。禮拜著。

어떤 승려가 물었다.

"오승(五乘)[17]과 삼장(三藏)을 아는 이는 퍽 많지만, 서쪽에서 오신 조사의 뜻을 스님께서 가리켜 보여 주십시오."

대사가 말하였다.

"오승과 삼장이니라."

"모든 것을 초월했다는 것마저 세우지 않는 경지에도 일이 있습니까?"

"그대는 영리하구나."

"어떤 것이 불사를 크게 지은 것입니까?"

"무엇이 의심스러운가?"

"그러면 직접 정수리를 만져 주심을 받았겠습니다."

"어디서 세존을 뵈었는가?"

"어떤 것이 서쪽에서 오신 뜻입니까?"

僧問。五乘三藏委者頗多。祖意西來乞師指示。師曰。五乘三藏。曰向上還有事也無。師曰。汝却靈利。問如何是大作佛事。師曰。嫌什麼。曰恁麼即親承摩頂去也。師曰。何處見世尊。問如何是西來意。

---

17) 오승(五乘) : 중생을 깨달음으로 인도하는 부처님의 다섯 가지 가르침. 인승(人乘), 천승(天乘), 성문승(聲聞乘), 연각승(緣覺乘), 보살승(菩薩乘).

"그대는 이쪽에 와서 서라."
승려가 옮겨 서 있자, 대사가 말하였다.
"알겠는가?"
"모르겠습니다."
대사가 게송으로 보여 주었다.

그대가 서쪽에서 오신 뜻을 물으니
이쪽에 와서 서라 했네
지난 밤 삼경에
비가 내려 허공을 적셨네
번개 빛에 가없음을 밝히고 나면
지네가 서두르는 것과는 다르리

師曰。汝過這邊立。僧移步。師曰。會麼。曰不會。師示偈曰。
汝問西來意
且過這邊立
昨夜三更時
雨打虛空濕
電影豁然明
不似蚰蜒急

대사는 개보 7년 갑술(甲戌) 6월에 병이 나서 대중에게 이별의 말을 알렸다. 이때에 어떤 승려가 물었다.

"옛날 여래의 정법을 가섭에게 친히 전했는데, 화상의 현묘한 가풍을 100년 후에는 어떻게 체득해 알겠습니까?"

대사가 말하였다.

"그대는 어디서 가섭을 보았는가?"

"그러면 믿어 받들고 행하여 이 뜻을 잊지 않겠습니다."

"불법은 그런 도리가 아니다."

이렇게 말하고는 앉은 채 떠나니, 수명은 64세이고, 법랍은 44세였다. 화장을 마친 뒤에도 혀는 타지 않고 남아 있어 부드럽고 연하기가 홍련(紅蓮)과 같았는데, 아직껏 보현도량(普賢道場)에 안치되어 있다.

대사는 화엄의 이장자(李長者)의 석론(釋論)이 논리가 심오하다 하여 경에다 합편해서 120권을 만들어 인쇄하여 천하에 퍼뜨렸다.

師開寶七年甲戌夏六月示疾。告眾為別。時有僧問。昔日如來正法迦葉親傳。未審和尚玄風百年後如何體會。師曰。汝什麼處見迦葉來。曰恁麼即信受奉行不忘斯旨也。師曰。佛法不是這箇道理。言訖坐亡。壽六十四。臘四十四。既闍維而舌不壞。柔軟如紅蓮葉。今藏於普賢道場中。師以華嚴李長者釋論旨趣宏奧。因將合經成百二十卷雕印。遍行天下。

토끼뿔

∽ "모든 것을 초월했다는 것마저 세우지 않는 경지에도 일이 있습니까?" 했을 때

대원은 "어떤가? 일이라 하겠는가, 일이 아니라 하겠는가?" 하리라.

∽ "어떤 것이 불사를 크게 지은 것입니까?" 했을 때

대원은 "아닌 것을 말해 봐라." 하리라.

광주(廣州) 광성도량(光聖道場) 사호(師護) 선사

사호 선사는 민월(閩越) 사람이다. 천태에게 법을 얻어 영(嶺) 밖에서 교화를 펴고 있었다. 이에 국주(國主) 유(劉)씨가 스승의 예로 대접하고 큰 절을 지어 대사에게 살라고 청하는 한편 대의(大義)라는 호를 바쳤다.

어떤 승려가 물었다.
"옛날에 범왕(梵王)이 부처님께 청하시고 오늘은 국주께서 자리에 왕림하셨으니, 조사께서 서쪽에서 오신 뜻을 어떻게 들어 제창하시겠습니까?"
대사가 말하였다.
"서쪽에서 온 뜻까지도 필요 없음을 내가 이미 들어 제창해 버렸다."
"어찌 방편이 없겠습니까?"
"앞의 말이 방편이 아니란 말인가?"

廣州光聖道場師護禪師。閩越人也。自天台得法化行嶺表。國主劉氏待以師禮。創大伽藍請師居焉。署大義之號。僧問。昔日梵王請佛今日國主臨筵。祖師西來如何舉唱。師曰。不要西來。山僧已舉唱了也。曰豈無方便。師曰。適來豈不是方便。

"국왕께서 세 차례 청하시어 광성도량에 와 앉으셨는데, 스님은 어느 화상의 법을 이으셨으며 무슨 방편인지 모르겠습니다."
"한 북소리에 만 집에서 내다본다."
"그러면 천태의 묘한 종지를 광성이 친히 받았겠습니다."
"어지러이 지껄이지 말라."

"학인은 겨우 총림에 들어왔습니다. 서쪽에서 오신 묘한 비결을 스님께서 가리켜 보여 주십시오."
"그대가 총림에 들어오기 전에 내가 이미 보였고 그대는 마쳤느니라."
"어떻게 알아야 하겠습니까?"
"알고자 할 것도 없다."

問國王三請來坐光聖道場。未審和尚法嗣何方。師曰。一聲鼛鼓萬戶齊窺。曰恁麼即天台妙旨光聖親承也。師曰。莫亂道。問學人乍入叢林西來妙訣乞師指示。師曰。汝未入叢林我已示汝了也。曰如何領會。師曰。不要領會。

 토끼뿔

"학인은 겨우 총림에 들어왔습니다. 서쪽에서 오신 묘한 비결을 스님께서 가리켜 보여 주십시오." 했을 때

대원은 "천연한 드러남에 혀 댈 것 없다." 하리라.

항주(杭州) 봉선사(奉先寺) 청욱(淸昱) 선사

청욱 선사는 영가(永嘉) 사람이다. 천태(天台) 국사에게 법을 얻었는데 오월(吳越)의 충의왕(忠懿王)이 불러들여 도를 물었다. 군사(軍使)인 설온(薛溫)에게 명하여 서호(西湖)에다 큰 절을 지어 봉선사라 하고, 또 대불보각(大佛寶閣)을 지어 대사를 살게 하여 종지를 드날리게 하였으며, 원통 묘각 선사(圓通妙覺禪師)라는 호를 봉하였다.

어떤 승려가 물었다.
"어떤 것이 서쪽에서 오신 뜻입니까?"
대사가 말하였다.
"큰 소리로 대중에게 들어 보인 것과 같다."
대사는 개보 때에 본사(本寺)에서 입멸하였다.

杭州奉先寺淸昱禪師。永嘉人也。得法於天台國師。吳越忠懿王召入問道。命軍使薛溫於西湖建大伽藍曰奉先。建大佛寶閣。延請師居之演暢宗旨。署圓通妙覺禪師。僧問。如何是西來意。師曰。高聲擧似大眾。師開寶中示滅於本寺。

 토끼뿔

"어떤 것이 서쪽에서 오신 뜻입니까?" 했을 때

대원은 "용광로에 핀 연꽃이니라." 하리라.

태주(台州) 천태산(天台山) 자응(紫凝) 보문사(普聞寺) 지근(智勤) 선사

지근 선사에게 어떤 승려가 물었다.
"어떤 것이 빈손에 호미를 잡은 것입니까?"[18]
대사가 말하였다.
"다만 이렇게 명확히 믿어라."
"어떤 것이 걸으면서 물소를 타는 것입니까?"
"그대는 스스로 어디서 왔는가?"

대사가 언젠가는 게송으로 대중에게 보였다.

台州天台山紫凝普聞寺智勤禪師。僧問。如何是空手把鋤頭。師曰。但恁麼諦信。曰如何是步行騎水牛。師曰。汝自何來。師有頌示衆曰。

---

18) 무주(婺州) 선혜(善慧) 대사의 게송. "빈 손에 호미를 잡고, 걸으면서 물소를 타네. 사람이 다리 위를 지나니, 다리는 흐르건만 물은 흐르지 않네." 空手把鋤頭 步行騎水牛 人從橋上過 橋流水不流.

금년이 쉰다섯 살인데
발로는 한 치의 흙도 밟은 적 없네
산하가 나의 눈동자요
큰 바다가 나의 창자일세

태평흥국(太平興國) 4년에 연례에 따라 승려들의 경에 대한 지식을 시험했는데, 삼문의 노숙들까지도 각각 이름을 썼으나 대사만은 서찰(書札)을 달지 않았다. 이때에 통판(通判)인 이헌(李憲)이 물었다.
"선사여, 세존께서도 글을 아시지 않았습니까?"
대사가 말하였다.
"온세상 사람이 다 안다."

今年五十五
脚未躡寸土
山河是眼睛
大海是我肚
太平興國四年例試僧經業。山門老宿各寫法名。唯師不閑書札。時通判李憲問禪師。世尊還解書也無。師曰。天下人知。

순화(淳化) 초에 이르러 병도 나지 않았는데, 문인들에게 목욕물을 마련하게 하였다. 그리고는 목욕을 마치고 대중들에게 경계의 말을 내린 뒤에 단정히 앉아서 입적하였다.
　탑은 본산에다 세웠는데 3년 뒤에 문인들이 탑을 뜯고 무덤을 열어보니, 대사의 전신이 흩어지지 않은 채 얼굴이 뚜렷하였고 머리카락과 수염이 여전히 자라고 있었다. 이에 다시 새 탑에 모셨다.

　至淳化初不疾命侍僧開浴。浴訖垂誡徒眾安坐而逝。塔於本山。三年後門人遷塔。發龕覲師全身不散。容儀儼若髭髮仍長。迎入新塔。

 토끼뿔

"어떤 것이 빈손에 호미를 잡은 것입니까?" 했을 때

대원은 "쇠고래가 바다를 헤엄쳐 가는 것이다." 하고

"어떤 것이 걸으면서 물소를 타는 것입니까?" 했을 때

대원은 "잘못 전한 일 없도록 하라." 하리라.

온주(溫州) 안탕산(雁蕩山) 원제(願濟) 선사

원제 선사는 전당(錢塘) 사람으로 성은 강(江)씨이다. 어려서 수심사(水心寺)의 소암(紹巖) 선사에 의해 출가하여 구족계를 받고, 처음에는 지자(智者) 대사의 교법을 익혀 지관원융행문(止觀圓融行門)을 정밀히 연마한 뒤 천태 국사에게 참문하여 현묘한 이치를 깨닫고 안탕산에 살았다.

개보 5년에 오월왕(吳越王)의 장자가 서관(西關)에다 광경사(光慶寺)를 지어 대사에게 법문을 열어 주지하기를 청하고, 이어 서울 근처의 여러 참선 대중 300명을 추려 함께 새 절에 들게 하였다.

溫州雁蕩山願濟[19]禪師。錢塘人也。姓江氏。少依水心寺紹巖禪師出家受具。初習智者教精研止觀圓融行門。後參天台國師發明玄奧。乃住雁蕩山。開寶五年吳越王長子於西關建光慶寺。請師開法住持。仍於城下諸禪眾中訪求名行三百人同入新寺。

---

19) 濟가 송, 원나라본에는 齊로 되어 있다.

대사가 법상에 오르니 어떤 승려가 물었다.

"한밤의 달빛이 찬란한데 푸른 못에는 어째서 그림자가 없습니까?"

대사가 말하였다.

"작가(作家)는 그림자를 놀리는 사람이다."

그 승려가 동쪽에서 서쪽으로 가서 서니, 대사가 말하였다.

"그림자를 놀릴 뿐 아니라 겸하여 두렵게까지 하는구나."

대사는 그곳에서 얼마 살지 않다가 굳이 사양하고 산으로 들어가서 태평흥국 때에 입멸하였다.

師上堂有僧問。夜月舒光為什麼碧潭無影。師曰。作家弄影漢。其僧從東過西立。師曰。不唯弄影兼乃怖頭。師居之未幾固辭入山。太平興國中示滅。

토끼뿔

"한밤의 달빛이 찬란한데 푸른 못에는 어째서 그림자가 없습니까?"했을 때

대원은 "지금의 그것은 무엇인가?" 하리라.

항주(杭州) 보문사(普門寺) 희변(希辯) 선사

희변 선사는 소주(蘇州) 상숙(常熟) 사람이다. 어릴 때에 출가하여 본 고을의 연복원(延福院)에서 계상(啓祥) 선사에 의해 머리를 깎고 구족계를 받았다. 뒤에 능가산(楞伽山)에 가서 율장을 듣다가 얼마 후 천태로 가서 심인(心印)을 전해 받았다.

건덕(乾德) 초에 오월(吳越)의 충의왕(忠懿王)이 월주(越州)의 청태원(淸泰院)에 살라 하면서 혜지 선사(慧智禪師)라는 호를 봉했으며, 개보 때에는 다시 불러들여 보문사(普門寺)에 살게 하였다.[20]

대사가 법상에 올라 말하였다.
"나는 본래 아는 것이 적고 들은 것마저 없다. 비록 잠시 동안 산중의 큰스님들을 모셨으나 한 구절도 열어 보임을 받은 것이 없다.

杭州普門寺希辯禪師。蘇州常熟人也。幼出家禮本邑延福院啟祥禪師落髮具戒。詣楞伽山聽律。尋謁天台受心印。乾德初吳越忠懿王命住越州清泰院。署慧智禪師。開寶中復召入居普門寺(即第二世住)。師上堂曰。山僧素乏知見。復寡聞持。頃雖侍坐於山中和尚。亦不蒙一句開示。

---

20) 즉 제2세 주지이다. (원주)

또, 오늘날 여러분과 자리를 같이 했어도 한 법도 그대들에게 도움이 되어 줄 것이 없다. 하물며 여러분을 위해 승려와 속인을 가리거나 고금을 헤아릴 것이 있겠는가?

그렇다 해서 나를 이상히 여기는가? 말해 봐라. 만일 나를 이상하게 여기는 이가 있다면 그는 안목이 있는가, 안목이 없는가? 객과 주인의 도리가 있는가, 없는가? 오래 공부한 이와 처음 발심한 사람은 반드시 잘 살펴야 된다."

이때에 어떤 승려가 물었다.

"어떤 것이 보문의 신통을 나투어 보이는 일입니까?"

대사가 말하였다.

"그러면 그대는 나를 이상하게 여기는 것이다."

"이상하게 여기지 않을 때에는 어떠합니까?"

"그대는 방으로 돌아가서 더 생각해 봐라."

以至今與諸仁者聚會。更無一法可相助發。何況能爲諸仁者區別緇素。商量古今。還怪得山僧麽。若有怪者。且道此人具眼不具眼。有賓主義無賓主義。晚學初機必須審細。時有僧問。如何是普門示現神通事。師曰。恁麽即闍梨怪老僧也。曰不怪時如何。師曰。汝且下堂裏思惟去。

태평흥국 3년에 오월(吳越)의 왕이 들어오는 것을 보고 대사가 그를 따라 보탑사(寶塔寺)까지 가서 자복전(滋福殿)에서 뵈니, 자의(紫衣)와 혜명(慧明)이라는 호를 대사에게 하사하였다.

단공(端拱) 때에 고향으로 돌아갈 뜻을 위에 아뢰자 조서로써 허락하고 왕이 시(詩)를 하사하였다. 그리고 충의왕이 상숙의 본산에다 보시하여 벽돌로 싼 부도 일곱 층을 만드니 높이가 200자였다. 공사가 끝나고 지도(至道) 3년 8월 25일에 병이 나서 그로 인해 입멸하니, 수명은 77세이고, 법랍은 63세였다. 탑은 선원의 서북쪽에 세웠다.

太平興國三年吳越王入覲。師隨寶塔至見於滋福殿。賜紫號慧明大師。端拱中上言願還故里。詔從之賜御製詩。及忠懿王施金。於常熟本山院創塼浮圖七級高二百尺。功既就。至道三年八月二十五日示疾而逝。壽七十七。臘六十三。塔於院之西北隅。

토끼뿔

"어떤 것이 보문의 신통을 나투어 보이는 일입니까?" 했을 때

대원은 "어떠냐?" 하리라.

항주(杭州) 광경사(光慶寺) 우안(遇安) 선사

우안 선사는 전당(錢塘) 사람으로 성은 심(沈)씨이다. 어릴 적에 출가하여 천태산(天台山)의 화정봉(華頂峯)에서 암주(庵主)인 중소(重蕭)에게 절하고 머리를 깎았다가 나이가 차자 구족계를 받았다. 얼마 후 본산에서 덕소(德韶) 국사를 만나 현묘한 종지를 깨달았다.

건덕(乾德) 때에 오월(吳越)의 충의왕(忠懿王)이 북관(北關)의 경심원(傾心院)에 살라 하다가, 다시 불러들여 천룡사(天龍寺)에 살도록 하였다. 개보 7년 갑술(甲戌)에 안희왕(安僖王)이 광경사(光慶寺)에서 대중을 거느리라 하면서 선지 선사(善智禪師)라는 호를 봉하였다.

杭州光慶寺遇安禪師。錢塘人也。姓沈氏。卯歲出家。於天台華頂峯禮庵主重蕭披剃依年受具。尋遇本山韶國師密契宗旨。乾德中吳越忠懿王命住北關傾心院。又召入居天龍寺。開寶七年甲戌安僖王請於光慶寺攝眾。署善智禪師。

처음에 법상에 오르니 어떤 승려가 물었다.
"값칠 수 없는 보배구슬을 스님께 부탁합니다."
대사가 말하였다.
"능히 잘 토로했다."
"그러면 사람마다 구족하겠습니다."
"구슬이 어디에 있느냐?"
승려가 절을 하니, 대사가 말하였다.
"그것도 헛된 것이니라."

"강령을 들어서 주인과 객을 모두 세울 때 어떤 것이 주인입니까?"
"묻는 곳을 깊이 알아라."
"어떤 것이 객입니까?"
"아까 그대에게 무엇이라 했던가?"
"객과 주인의 도가 합할 때에는 어떠합니까?"
"그 명령을 행하질 못하는구나."

初上堂有僧問。無價寶珠請師分付。師曰。善能吐露。曰恁麼即人人具足也。師曰。珠在什麼處。僧乃禮拜。師曰。也是虛言。問提綱舉領盡立主賓。如何是主。師曰。深委此問。曰如何是賓。師曰。適來向汝道什麼。曰賓主道合時如何。師曰。其令不行。

"마음의 달이 홀로 두렷하여 그 빛이 만상을 삼킨다는데, 어떤 것이 만상을 삼킨 빛입니까?"

"대중이 모두 그대가 이러는 것을 보고 있다."

"빛이 만상을 삼키는 일은 스님께서 말씀하셨지만 마음의 달이 홀로 두렷하다는 뜻은 어떠합니까?"

"정신 차려라."

"해오라기는 눈에 튼 둥지를 분별할 수 있겠지만 빛이 만상을 삼킨 일은 밝히기 어렵습니다."

"삼가 물러가거라."

"청산녹수 곳곳에 분명하지만 화상의 가풍을 한 말씀 해 주십시오."

"모두 그대가 일러 마쳤다."

"그러지 않을 수도 있으니 청컨대 스님께서 대답해 주십시오."

"부질없는 말을 말라."

問心月孤圓光吞萬象。如何是吞萬象底光。師曰。大眾總見汝恁麽。問曰。光吞萬象從師道。心月孤圓意若何。師曰。抖擻精神著。曰鷺倚雪巢猶可辨。光吞萬象事難明。師曰。謹退。問青山綠水處處分明。和尚家風乞垂一句。師曰。盡被汝道了也。曰未必如斯請師答話。師曰。不用閑言。

또 다른 승려가 절을 하니, 대사가 말하였다.
"문답이 모두 갖춰졌다."
승려가 질문을 하려 하니, 대사가 꾸짖었다.

대사가 어느 때 대중에게 보이고 말하였다.
"만약 조계의 종지를 알고자 한다면 구름이 앞산에 난다 하리라. 분명하고 진실하니 다른 방법을 쓸 필요가 없다."
"듣건대 고덕이 말씀하시기를 '우물 밑에서 붉은 티끌이 나고, 산봉우리에서 파도가 인다.'라고 하셨는데 이 뜻이 어떠합니까?"
대사가 말하였다.
"만약 제방에 가거든 그렇게만 하라."
"화상의 뜻은 어떠합니까?"
"아까부터 그대에게 무엇이라 했던가?"

又一僧方禮拜。師曰。問答俱備。僧擬伸問。師乃叱之。師有時示眾曰。欲識曹谿旨。雲飛前面山。分明真實箇。不用別追攀。問承古德有言。井底紅塵生山頭波浪起。未審此意如何。師曰。若到諸方但恁麼問。曰和尚意旨如何。師曰。適來向汝道什麼。

대사가 또 말하였다.

"고금에 전하는 말에 '우물 밑에서 티끌이 나고, 산봉우리에서 파도가 일고, 허공의 꽃에서 열매를 맺고, 석녀(石女)가 아기를 낳는다.'라고 하니 어떻게 알겠는가?

소리로 화답하여 일에 따르고, 사물에 따라 마음을 드러내니, 구절 속에 칼날을 감추고, 음성 이전에 온전하게 드러남이 아니겠는가? 이름이 있을 뿐, 몸이란 것마저 없음을 뛰어나게 현묘한 말씀으로 제창하는 것이 아니겠는가?

상좌들이 이렇게 스스로 아는 것으로 곧 옛사람의 뜻을 깨달았다 하지만 이미 그것이 아는 것이 아니라면 어떻게 알아야 되겠는가?

상좌들이여, 알고자 하는가? 진흙소가 다니는 곳에 아지랑이가 아롱거리고, 나무말이 울 때에 허공꽃이 떨어진다. 범부와 성인이 이와 같아서 도리가 심히 분명하거늘 무엇 하러 오래 섰는가? 안녕."

師又曰。古今相承皆云。塵生井底浪起山頭。結子空華生兒石女。且作麼生會。莫是和聲送事就物呈心句裏藏鋒聲前全露麼。莫是有名無體異唱玄譚麼。上座自會即得古人意旨。不然既恁麼會不得合作麼生會。上座欲得會麼。但看泥牛行處陽燄翻波。木馬嘶時空華墜影。聖凡如此道理分明。何須久立。珍重。

태평흥국 3년에 보탑사(寶塔寺)까지 가서 자복전(滋福殿)에서 뵈니, 자의(紫衣)와 명지 대사(明智大師)란 호를 하사하였다. 순화 초에 광경(光慶)의 옛 절로 돌아갔다가 3년 9월 21일에 입적하였다.

太平興國三年隨寶塔見於滋福殿。賜紫號明[21]智大師。淳化初還光慶舊寺。三年九月二十一日歸寂。

---

21) 명이 송, 원나라본에는 朗으로 되어 있다.

 토끼뿔

∽ "값칠 수 없는 보배구슬을 스님께 부탁합니다." 했을 때

대원은 "봄보리는 한 자나 자랐고, 종달새 창공에서 노래한다." 하리라.

∽ "강령을 들어서 주인과 객을 모두 세울 때 어떤 것이 주인입니까?" 했을 때

대원은 "주인이니라." 하고

"어떤 것이 객입니까?" 했을 때

대원은 "그것이다." 하고

"객과 주인의 도가 합할 때에는 어떠합니까?" 했을 때

대원은 "이렇느니라." 하리라.

∽ "마음의 달이 홀로 두렷하여 그 빛이 만상을 삼킨다는데, 어떤 것이 만상을 삼킨 빛입니까?" 했을 때

대원은 "이것이니라." 하고

"빛이 만상을 삼키는 일은 스님께서 말씀하셨지만 마음의 달이 홀로 두렷하다는 뜻은 어떠합니까?" 했을 때

대원은 말없이 있다가 "내 답이 어떠한가?" 하고

"해오라기는 눈에 튼 둥지를 분별할 수 있겠지만 빛이 만상을 삼킨 일은 밝히기 어렵습니다." 했을 때

대원은 "까마귀는 검고, 백로는 희다." 하리라.

∽ "듣건대 고덕이 말씀하시기를 '우물 밑에서 붉은 티끌이 나고, 산봉우리에서 파도가 인다.'라고 하셨는데 이 뜻이 어떠합니까?" 했을 때

대원은 "보여 주어서 고맙다." 하리라.

천태산(天台山) 반야사(般若寺) 우섬(友蟾) 선사

우섬 선사는 전당(錢塘)의 임안(臨安) 사람이다. 어려서 출가하여 본 고향의 동산(東山) 낭첨원(朗瞻院)에서 출가하였는데, 천태 국사가 성대히 교화한다는 소식을 듣고 멀리 찾아가서 방장실에 들어가 비밀히 심지를 인가받았다.

처음에는 운거산(雲居山)의 보현원(普賢院)에 살라고 명하니 승려가 모두 모였고, 오월의 충의왕(忠懿王)이 자오 선사(慈悟禪師)라는 호를 봉하였다. 다시 상사(上寺)로 옮겨 사니 대중이 500명이나 되었다.

어떤 승려가 물었다.
"북소리가 막 울려 대중이 모였으니 위로부터의 종승을 스님께서 제창해 주십시오."

天台山般若寺友蟾禪師。錢塘臨安人也。幼歲出家。於本邑東山朗瞻院得度。聞天台國師盛化。遠趨函丈密印心地。初命住雲居普賢院。僧侶咸湊。吳越忠懿王署慈悟禪師。遷止上寺眾盈五百。僧問。鼓聲纔動大眾雲臻。向上宗乘請師舉唱。

대사가 말하였다.

"그대에게 무엇이 모자라는가?"

"그러면 사람마다 모두 은혜를 입었겠습니다."

"어지러이 지껄이지 말라."

옹희(雍熙) 3년에 산문(山門)과 대중을 수업제자(受業弟子)인 융일(隆一)에게 맡겨 뒤를 이어 법을 열게 하고, 순화(淳化) 초에 이르러 입멸하니 본산으로 모셔다가 장사를 지냈다.

師曰。虧汝什麼。曰恁麼即人人盡霑恩去也。師曰。莫亂道。雍熙三年以山門大眾付受業弟子隆一繼踵開法。至淳化初示滅。歸葬於本山。

 토끼뿔

"북소리가 막 울려 대중이 모였으니 위로부터의 종승을 스님께서 제창해 주십시오." 했을 때

대원은 "나의 자비를 다했다. 안녕." 하리라.

무주(婺州) 지자사(智者寺) 전긍(全肯) 선사

전긍 선사가 처음에 천태에게 참문하니, 천태가 물었다.
"그대의 이름이 무엇인가?"
대사가 말하였다.
"전긍(全肯)입니다."
"무엇을 긍정한다는 것인가?"
대사가 절을 하였다.

주지가 된 뒤에 어떤 승려가 물었다.
"누군가가 긍정하지 않아도 스님은 달게 받으시겠습니까?"
대사가 말하였다.
"누군가가 나에게 묻는다면 내가 그에게 대답하리라."

대사는 태평흥국 중에 주지의 일을 법제자인 소충(紹忠)에게 맡기어 대를 이어 설법하게 하고, 이어 본사로 가서 입적하였다.

婺州智者寺全肯禪師。初參天台。天台問。汝名什麼。曰全肯。天台曰。肯箇什麼。師乃禮拜。住後有僧問。有人不肯。師還甘也無。師曰。若人問我即向伊道。師太平興國中以住持付法嗣弟子紹忠繼世說法。尋於本寺歸寂。

 토끼뿔

"누군가가 긍정하지 않아도 스님은 그를 달게 받으시겠습니까?"
했을 때

대원은 "놓아 버려라." 하리라.

복주(福州) 옥전(玉泉) 의륭(義隆) 선사

의륭 선사가 법상에 올라 말하였다.

"산하대지가 모두 여러분의 눈망울 속에 있거늘 어째서 안다거나 알지 못한다고 말하는가?"

이때에 어떤 승려가 물었다.

"산하대지가 눈망울 속에 있다면 스님께서 지금 다시 가리키시는 것은 누구에게 돌아갑니까?"

대사가 말하였다.

"상좌의 거처에 분명하니라."

"만일 올라와서 이렇게 묻지 않았던들 방편을 헛되이 베풀지 않으시는 줄 어찌 알았겠습니까?"

"비슷한 곡조 같기에 들을 만하더니 다시 업의 바람이 불어서 다른 곡조에 들어갔다."

福州玉泉義隆禪師。上堂曰。山河大地盡在諸人眼睛裏。因什麽說會與不會。時有僧問曰。山河大地眼睛裏。師今欲更指歸誰。師曰。只爲上座去處分明。曰若不上來伸此問。焉知方便不虛施。師曰。依俙似曲纔堪聽。又被風吹別調中。

 토끼뿔

"산하대지가 눈망울 속에 있다면 스님께서 지금 다시 가리키시는 것은 누구에게 돌아갑니까?" 했을 때

대원은 "화단 장미가 붉다." 하리라.

항주(杭州) 용책사(龍册寺) 효영(曉榮) 선사(제5세 주지)

효영 선사는 온주(溫州) 백록(白鹿) 사람으로 성은 등(鄧)씨이다. 어려서 서록사(瑞鹿寺)에서 출가하고, 계를 받은 뒤에 천태 국사가 성대히 교화한다는 말을 듣자 바로 산으로 들어가서 참문하고 심법(心法)을 받았다.

처음에는 항주 부양(富陽)의 정복원(淨福院)에 살았고 나중에는 용책사에 살았는데, 두 곳에서 모두 대중을 모아 법문을 열었다.

어떤 승려가 물었다.

"조사와 조사께서 서로 전하셨다는데, 화상께서는 누구에게 전하시렵니까?"

대사가 말하였다.

"그대가 조사를 알기는 하는가?"

杭州龍册寺第五世住曉榮禪師。溫州白鹿人也。姓鄧氏。幼依瑞鹿寺出家登戒。聞天台國師盛化。遂入山參禮受心法。初住杭州富陽淨福院。後住龍册寺。二處皆聚徒開法。僧問。祖祖相傳未審和尚傳阿誰。師曰。汝還識得祖未。

혜문(慧文)이 물었다.
"어떤 것이 진실한 사문입니까?"
대사가 말하였다.
"그대는 혜문이다."

"어떤 것이 반야의 크게 신기로운 구슬입니까?"
"반야의 크게 신기로운 구슬은 만억의 몸으로 형상을 나투어 티끌마다 묘한 본체를 나타내니 세계마다 모두 비로자나니라."

"매일같이 쓰는 일이 어떠합니까?"
"한 생각이 항하사 세계에 두루하여 날마다 만반으로 신통을 쓰되, 가없이 이러-해서 항상 적멸하니, 항상 자기 집의 가풍을 굴림이다."

僧慧文問。如何是真實沙門。師曰。汝是慧文。問如何是般若大神珠。師曰。般若大神珠分形萬億軀。塵塵彰妙體刹刹盡毘盧。問日用事如何。師曰。一念周沙界。日用萬般通。湛然常寂滅。常轉自家風。

어느 날 대사가 묘선대(妙善臺)에 앉아서 대중의 소참(小參)[22]을 받는데, 어떤 승려가 물었다.

"모든 것을 초월했다는 것마저 세우지 않는 일은 묻지 않겠습니다. 어떤 것이 묘선대 안의 분명한 뜻입니까?"

대사가 말하였다.

"제방에 이르거든 분명히 이야기하라."

"그러면 구름은 산을 벗어날 기세가 있고, 물은 시냇물 흐르는 소리에 머무름이 없다 하겠습니다."

대사가 꾸짖었다.

대사가 순화(淳化) 원년 경인(庚寅) 8월 29일에 수주(秀州) 영광사(靈光寺) 정토원(淨土院)에서 입적했는데, 미리 문인들에게 고하고 도반들에게 글을 보내서 하직하니, 수명은 71세이고, 법랍은 56세였다.

師一日坐妙善臺受大眾小參。有僧問。向上事即不問。如何是妙善臺中的的意。師曰。若到諸方分明舉似。曰恁麼即雲有出山勢水無投澗聲。師乃叱之。師淳化元年庚寅八月二十九日於秀州靈光寺淨土院歸寂。預告門人致書辭同道。壽七十一。臘五十六。

---

22) 소참(小參) : 수시로 적당한 장소에서 간략하게 행하는 설법.

 토끼뿔

∽ "조사와 조사께서 서로 전하셨다는데, 화상께서는 누구에게 전하시렵니까?" 했을 때

대원은 "겨울 소나무 눈이 무겁다." 하리라.

∽ "어떤 것이 반야의 크게 신기로운 구슬입니까?" 했을 때

대원은 "땅은 검고, 하늘은 푸르다." 하리라.

∽ "매일같이 쓰는 일이 어떠합니까?" 했을 때

대원은 "거울과 거울이 마주한 것이 조금은 비슷하니라." 하리라.

∽ "모든 것을 초월했다는 것마저 세우지 않는 일은 묻지 않겠습니다. 어떤 것이 묘선대 안의 분명한 뜻입니까?" 했을 때

대원은 "평해 봐라." 하리라.

항주(杭州) 임안현(臨安縣) 공신원(功臣院) 경소(慶蕭) 선사

경소 선사에게 어떤 승려가 물었다.
"어떤 것이 공신원의 가풍입니까?"
대사가 말하였다.
"밝음과 어둠, 색과 공이니라."
"그러면 모든 법은 남〔生〕이 없겠습니다."
"그대는 무엇을 모든 법이라 하는가?"
대사는 이어 게송으로 말하였다.

공신원의 가풍을
밝음과 어둠, 색과 공이라 했네

杭州臨安縣功臣院慶蕭禪師。僧問。如何是功臣家風。師曰明暗色空。曰恁麼即諸法無生去也。師曰。汝喚什麼作諸法。師乃頌曰。
　功臣家風
　明暗色空

법과 법이 다름이 없고
마음과 마음이 저절로 통하네
이렇게 깨달아 알면
모든 부처님들의 참다운 종지일세

法法非異
心心自通
恁麼會得
諸佛真宗

토끼뿔

"어떤 것이 공신원의 가풍입니까?" 했을 때

대원은 "어디서든지 사실대로만 말하라." 하리라.

월주(越州) 칭심(稱心) 경진(敬瑱) 선사

경진 선사에게 어떤 승려가 물었다.
"봇짐을 다 꾸렸습니다. 스님께서 분부해 주십시오."
대사가 말하였다.
"숨기지 말라."
"어디서 화상을 저버렸습니까?"
"그것이 그대가 나를 저버리는 것이다."

대사가 나중에 항주 보안원(保安院)으로 옮겨 살다가 입멸하였다.

越州稱心敬瑱禪師。僧問。結束囊裝請師分付。師曰。莫諱。曰什麽處孤負和尚。師曰。却是汝孤負我。師後遷住杭州保安院示滅。

 토끼뿔

"봇짐을 다 꾸렸습니다. 스님께서 분부해 주십시오." 했을 때

대원은 "본대로 행하라." 하리라.

복주(福州) 엄봉(嚴峯) 사출(師尤) 선사

사출 선사가 처음 개당하는 날에 법상에 오르니, 극락(極樂) 화상이라는 이가 물었다.

"대중들이 공경히 우러러 보고 있으니, 스님께서 법의 우레를 울려 주십시오."

대사가 말하였다.

"대중이여, 알았는가? 분명히 깨달았는가? 오늘이 영산회상과 다르지 않고, 부처님들의 국토와 천상과 인간까지도 모두 이렇다. 고금이 항상 변함없으니, 이 변함없는 도리를 어떻게 알아야 하겠는가? 만일 안다면 끝없는 국토가 나와 남 사이에 털끝만한 막힘도 없고, 십세(十世) 고금에 시종 이 생각을 여의지 않는다 할 것이다."

福州嚴峯師尤禪師。初開堂陞座。時有極樂和尚問曰。大眾顒望請震法雷。師曰。大眾還會麼還辨得麼。今日不異靈山。乃至諸佛國土天上人間總皆如是。亙古亙今常無變異。作麼生會無變異底道理。若會得所以道。無邊剎境自他不隔於毫端。十世古今始終不移於當念。

"영산회상에서는 가섭이 친히 들었는데, 오늘 엄봉의 한 모임에서는 누가 듣습니까?"
"묻는 이도 모자람이 없다."

"어떤 것이 문수입니까?"
"온 곳에 아주 분명하다."

問靈山一會迦葉親聞。今日嚴峯一會誰是聞者。師曰。問者不弱。問如何是文殊。師曰。來處甚分明。

 토끼뿔

"어떤 것이 문수입니까?" 했을 때

대원은 "더 분명할 수 없다." 하리라.

노주(潞州) 화엄(華嚴) 혜달(慧達) 선사

혜달 선사에게 어떤 승려가 물었다.
"어떤 것이 옛 부처님의 마음입니까?"
대사가 말하였다.
"산하대지니라."

"어떤 것이 화엄의 경지입니까?"
"눈이 가득하여 그림자마저도 없다."

潞州華嚴慧達禪師。僧問。如何是古佛心。師曰。山河大地。問如何是華嚴境。師曰。滿目無形影。

 토끼뿔

"어떤 것이 옛 부처님의 마음입니까?" 했을 때

대원은 "양양 의상대 소나무니라." 하리라.

월주(越州) 섬현(剡縣) 청태원(淸泰院) 도원(道圓) 선사

도원 선사에게 어떤 승려가 물었다.
"죽은 승려가 떠나서는 어디로 갔습니까?"
대사가 말하였다.
"오늘 떠났다."

영중(嶺中) 상좌가 물었다.
"어떤 것이 조사께서 서쪽에서 오신 뜻입니까?"
"그대에게 정전백수자(庭前柏樹子)[23]라고도 이야기할 수는 없다."

越州剡縣淸泰院道圓禪師。僧問。亡僧遷化向什麼處去也。師曰。今日遷化。嶺中上座問。如何是祖師西來意。師曰。不可向汝道庭前柏樹子。

---

23) 정전백수자(庭前柏樹子) : 한 승려가 조주 스님에게 달마가 중국에 온 뜻이 무엇이냐고 물으니, 조주 스님이 "뜰앞의 잣나무니라."라고 대답하였다는 유명한 공안.

🐇 토끼뿔

"죽은 승려가 떠나서는 어디로 갔습니까?" 했을 때

대원은 "신흥사 위에 울산바위가 있느니라." 하리라.

항주(杭州) 구곡(九曲) 관음원(觀音院) 경상(慶祥) 선사

경상 선사는 여항(餘杭) 사람으로 성은 심(沈)씨이다. 키가 일곱 자가 넘고 변재가 출중하며 아는 것이 많아 천태의 문하에서 뛰어난 사람이라 하였다.

어떤 승려가 물었다.
"험악한 길에서는 무엇으로 징검다리를 삼습니까?"
대사가 말하였다.
"이것으로 징검다리를 삼아라."
"무엇이 이것입니까?"
"막혀 버린 그대의 콧구멍이다."

杭州九曲觀音院慶祥禪師。餘杭人也。姓沈氏。身長七尺餘。辯才冠眾多聞強記。時天台門下推爲傑出。僧問。險惡道中以何爲津梁。師曰。以此爲津梁。曰如何是此。師曰。築著汝鼻孔。

토끼뿔

"험악한 길에서는 무엇으로 징검다리를 삼습니까?" 했을 때

대원은 "써온 것을 써라." 하고

"무엇이 이것입니까?" 했을 때

대원은 "흙덩이를 쫓는 자구나." 하리라.

항주(杭州) 개화사(開化寺) 전법(傳法) 행명(行明) 대사

행명 대사는 본 고을 사람으로 성은 우(于)씨이다. 어려서 명주(明州) 설두산(雪竇山)의 지각(智覺) 선사에게 귀의하여 머리를 깎았다. 나중에 지각 선사가 영명(永明) 대도량으로 옮겨 사니 2,000명의 무리가 모이고, 국왕과 대신이 흠앙하여 법화(法化)가 더욱 번성하였다.

이때에 대사가 천태에서 수기를 받고 영명사로 돌아와서 본사(本師)의 교화를 도우니 무리가 쏠리듯 모였다.

개보 8년에 지각 선사가 입적하니, 대사가 능인사(能仁寺)에 가서 살았는데 충의왕(忠懿王)이 대화사(大和寺)[24]를 짓고 대사에게 주지하기를 청하니 두 곳에서 모두 대중을 모아 설법하였다.

杭州開化寺傳法大師行明。本州人也。姓于氏。少投明州雪竇山智覺禪師披剃。及智覺遷住永明大道場。有徒二千。王臣欽仰法化彌盛。師自天台受記迴永明。翼贊本師。海眾傾仰。開寶八年智覺歸寂。師遂住能仁寺。忠懿王又建大和寺(尋改名六和寺。後太宗皇帝賜號開化)。延請住持二處。皆聚徒說法。

---

24) 얼마 후 육화사로 이름을 바꾸었다. 후에 태종 황제가 호를 개화라고 하였다. (원주)

어떤 승려가 물었다.
"어떤 것이 개화(開化)의 문 안에서 방편을 베푸는 것입니까?"
대사가 말하였다.
"날마다 썰물과 밀물 소리를 두 번씩 듣는다."

"어떤 것이 다함없는 등불입니까?"
"그대가 비추어 주어서 고맙다."

태종(太宗) 황제가 자의(紫衣)와 대사의 호를 하사하였고, 함평(咸平) 4년 4월 6일에 입적하였다.

僧問。如何是開化門中流出方便。師曰。日日潮音兩度聞。問如何是無盡燈。師曰。謝闍梨照燭。太宗皇帝賜紫衣師號。咸平四年四月六日示滅。

토끼뿔

∽ "어떤 것이 개화(開化)의 문 안에서 방편을 베푸는 것입니까?" 했을 때

대원은 "산하대지와 준동함령이니라." 하리라.

∽ "어떤 것이 다함없는 등불입니까?" 했을 때

대원은 "법당 앞 석등이니라." 하리라.

월주(越州) 소산현(蕭山縣) 어포(漁浦) 개선사(開善寺) 의원(義圓) 선사

의원 선사에게 어떤 승려가 물었다.

"한 해가 가고 또 한 해가 오니 방편의 문 안에서 청하건대 대사께서 열어 보여 주십시오."

대사가 말하였다.

"분명히 기억해 두어라."

"그렇다면 옛날에 사자후(獅子吼) 하신 것을 오늘에 상왕이 대답하셨겠습니다."

"기뻐하라만 교섭한 것은 없다."

越州蕭山縣漁浦開善寺義圓禪師。僧問。一年去一年來。方便門中請師開。師曰。分明記取。曰恁麼即昔時獅子吼今日象王迴。師曰。且喜勿交涉。

 토끼뿔

"한 해가 가고 또 한 해가 오니 방편의 문 안에서 청컨대 대사께서 열어 보여 주십시오." 했을 때

대원은 "보이지 않은 때가 있거든 말해 봐라." 하리라.

온주(溫州) 서록사(瑞鹿寺) 상방(上方) 우안(遇安) 선사

우안 선사는 복주(福州) 사람이다. 천태(天台)에게 법을 얻었고 또 항상 『수능엄경』을 열람하는 가운데 큰 뜻을 깨달아서 사람들이 안능엄(安楞嚴)이라 불렀다. 지도(至道) 원년 3월 임종할 때가 되어 법제자 온인(蘊仁)이 모시고 앉았으니, 대사가 게송을 말해 주었다.

대유령 고개에서도 얻은 것이 아닌데[25]
어찌 계족에서인들 전한 것이랴[26]

溫州瑞鹿寺上方遇安禪師。福州人也。得法於天台。又常閱首楞嚴了義。時謂之安楞嚴也。至道元年季春月將示滅。有法嗣弟子蘊仁侍坐。師乃說偈曰。
不是嶺頭携得事
豈從雞足付將來

---

[25] 6조 혜능이 5조 홍인(弘忍)이 법을 전하는 징표로 준 가사와 발우를 가지고 쫓기다가 대유령에 이르러 가사와 발우를 바위 위에 놓아두었는데, 가사와 발우를 빼앗으려고 쫓아온 이가 아무리 들려 해도 들 수 없었다.

[26] 가섭 존자께서 미륵불께 법을 전하기 위해 법의 증표인 가사와 발우를 가지고 계족산에 들어가 계신다고 한다.

옛부터 성인들이 이러-하셨고
나도 오늘 그대를 위할 것이 없네

　대사가 게송으로 설하여 부촉하고는 향수로 몸을 씻고 옷을 갈아입고 단정히 앉아서 관(棺)을 방으로 메고 오라 하였다. 그리고는 말없이 보이고 몸소 관으로 들어갔다.
　3일이 지나 문인들과 본사의 대덕들이 살짝 관을 열어 보니, 대사는 오른쪽 겨드랑이를 땅에 대고 길상(吉祥)으로 누워 있었다. 사부대중이 슬피 통곡하자 대사가 다시 일어나 법상에 올라 설법하고는 이렇게 꾸짖었다.
　"이번에 또 나의 관을 여는 이는 나의 제자가 아니다."
　말을 마치고는 다시 관으로 들어가서 영영 떠났다.

自古聖賢皆若此
非吾今日爲君裁
　師說偈付囑。以香水沐身易衣安坐。令昇棺至室。良久自入棺。經三日門人與本寺瑜闍梨輒啓棺覩。師右脇吉祥而臥。四衆哀慟師乃再起上堂說法。及訶責垂誡曰。此度更啓吾棺者非吾之子。言訖復入棺長往。

 토끼뿔

대유령 고개에서도 얻은 것이 아닌데
어찌 계족에서인들 전한 것이랴
옛부터 성인들이 이러-하셨고
나도 오늘 그대를 위할 것이 없네

위의 게송에 대하여 대원은 자문자답 하노라.

어째서 위한 것이 없는고?

"북방의 탱자, 남방의 귤이니라."

항주(杭州) 용화사(龍華寺) 혜거(慧居) 선사

혜거 선사는 민월 사람이다. 천태에서 요지를 깨닫고 나서 오월(吳越)의 충의왕(忠懿王)이 상사(上寺)에 살라 하였다. 처음 개당하는 날 대중이 모이니 대사가 말하였다.

"위로부터 전하는 종승을 여기에 이르러 어떻게 의논하며 또 어떻게 들어 제창하랴. 석가여래께서 일대시교(一代時敎)를 병에서 물을 따르듯 하셨으나 옛 조사들은 이것을 잠꼬대와 같다 하였다. 말해 봐라. 옛 조사들은 어떤 도리에 의하여 이렇게 말했겠는가? 알겠는가? 크게 베푼 문이 활짝 열렸으니 어디 궁색한 곳이 있으랴. 범부를 살리고 성인을 기른다지만 털끝만큼도 모자람이 없다.

범부라고 말하자면 온통 범부요, 성인이라 들자면 온통 성인이다.

杭州龍華寺慧居禪師。閩越人也。自天台領旨。吳越忠懿王命住上寺。初開堂眾集定。師曰。從上宗乘到此如何言論。又如何舉唱。只如釋迦如來說一代時敎。如瓶注水。古德尚云。猶如夢事寱語一般。且道古德據什麼道理便恁麼道。還會麼。大施門開何曾擁塞。生凡育聖不漏纖塵。言凡則全凡。舉聖則全聖。

범부니 성인이니 하지만 더 해줄 것 없이 각각 홀로 존귀하다. 그러므로 산하대지가 오래도록 설법하고, 또 오래도록 광명을 발하고, 지수화풍(地水火風)도 하나하나 이러-하다."

이때에 어떤 승려가 나와서 절을 하니 대사가 말하였다.

"좋은 질문이다. 법답게 물어라."

승려가 막 앞으로 나서려 하자, 대사가 말하였다.

"또 교섭할 수 없게 되었구나."

어떤 승려가 물었다.

"부처님들께서 세상에 나타나실 때에는 광명을 놓고 땅이 흔들렸다는데, 화상께서 세상에 나타나실 때에는 어떤 상서가 있었습니까?"

대사가 말하였다.

"화두를 스스로 부수는구나."

凡聖不相待箇箇獨尊。所以道山河大地長時說法長時放光。地水火風一一如是。時有僧出禮拜。師曰。好箇問頭如法問將來。僧方進前。師曰。又勿交涉也。僧問。諸佛出世放光動地。和尚出世有何祥瑞。師曰。話頭自破。

다른 날 법상에 올라 대중에게 말하였다.
"용화(龍華)는 이 속에서 다만 나무를 나르고, 나물을 다듬고, 올라오고 내려가고, 새벽에는 죽 한 그릇을 먹고, 낮에는 밥을 먹고, 잠에서 깬 뒤에는 차를 먹으니, 이렇게만 참구해 봐라. 안녕."

어떤 승려가 물었다.
"학인이 아직 자신을 밝히지 못했으니, 어찌하여야 깊고 얕음을 명백히 깨닫겠습니까?"
대사가 말하였다.
"자기의 눈[眼]을 알라."
"어떤 것이 자기의 눈입니까?"
"그대에게 무엇이라 했던가?"

異日上堂謂眾曰。龍華這裏也只是拈柴擇菜。上來下去晨朝一粥。齋時一飯睡後喫茶。但恁麼參取。珍重。僧問。學人未明自己。如何辨得淺深。師曰。識取自己眼。曰如何是自己眼。師曰。向汝道什麼。

토끼뿔

"어떤 것이 자기의 눈입니까?" 했을 때

대원은 "용주사 은행나무니라." 하리라.

무주(婺州) 제운산(齊雲山) 우진(遇臻) 선사

우진 선사는 월주(越州) 사람으로 성은 양(楊)씨이다. 어려서 고향의 대선사(大善寺)에서 출가하여 나이가 차자 구족계를 받았다. 천태에게 입실하여 친히 수기를 받고 제운산에 편안히 머무르니 공부하는 무리가 구름같이 모였다.

어떤 승려가 물었다.
"어떤 것이 무봉탑(無縫塔)입니까?"
대사가 말하였다.
"대여섯 자이니라."
그 승려가 절을 하니, 대사가 말하였다.
"탑이 쓰러졌다."

婺州齊雲山遇臻禪師。越州人也。姓楊氏。幼歲依本州大善寺出家。年滿登具。預天台之室親承印記。住齊雲山宴居。法侶咸湊。僧問。如何是無縫塔。師曰。五六尺。其僧禮拜。師曰。塔倒也。

"원만하고 밝게 아는 일이 어째서 마음을 인한 것이 아니겠습니까?"
"원만하고 밝게 아느니라."
"마음과 무엇이 다릅니까?"
"그대는 무엇을 마음이라 하는가?"

대사는 가을날 저녁에 조용히 앉았다가 게송을 지었다.

가을 뜰이 소슬하여 바람이 쌀쌀한데
찬 별이 깔린 하늘에는 달이 높구나
턱을 괴고 조용히 앉으니 싱그러워 수고로움이 없거늘
조과(鳥窠)가 무단히 실밥을 들어 보이네[27]

問圓明了知爲什麽不因心念。師曰。圓明了知。曰何異心念。師曰。汝喚什麽作心念。師秋夕閑坐。偶成頌曰。
秋庭肅肅風颼颼
寒星列空蟾魄高
搘頤靜坐神不勞
鳥窠無端拈布毛

---

27) 회통(會通)이라는 시자가 법을 가르쳐 주지 않는다고 떠나려 하면서 불법을 묻자, 조과(鳥窠) 선사가 즉시 몸에서 실올 하나 뽑아서 불어 날렸다. 이에 회통이 단박에 현묘한 이치를 깨달았다.

대사의 모든 노래와 게송은 모두가 일이 닥칠 때마다 지은 것으로, 300여 수가 유행되었으니 별록(別錄)에 실려 있다. 지도(至道) 중엽에 대선사(大善寺)에서 입적하였다.

其諸歌偈皆觸事而作。三百餘首流行見乎別錄。至道中卒於大善寺。

 토끼뿔

"어떤 것이 무봉탑(無縫塔)입니까?" 했을 때

대원은 "무봉탑이니라." 하리라.

온주(溫州) 서록사(瑞鹿寺) 본선(本先) 선사

본선 선사는 온주 영가(永嘉) 사람으로 성은 정(鄭)씨이다. 어릴 때에 고향의 집경원(集慶院)에서 출가하여 천태의 국청사(國淸寺)에서 계를 받고 천태(天台) 덕소(德韶) 국사에게 법을 얻었다.

처음에 국사를 만났는데 국사가 바람이나 깃발이 움직이는 것이 아니라 그대의 마음이 움직인다는 법으로 지도하여 그 자리에서 깨닫게 하였다. 뒤에 제자들에게 보이고 말하였다.

"내가 처음 천태의 법문을 배울 때는 법문을 듣자 당장 알아 버렸다. 그러나 천 날 동안 사의(四儀)[28] 중에 가슴에 무엇이 걸린 것 같고, 원수와 한 자리에 앉아 있는 것 같았다.

溫州瑞鹿寺本先禪師。溫州永嘉人也。姓鄭氏。幼歲於本州集慶院出家。納戒於天台國淸寺。得法於天台韶國師。師初遇國師。國師導以非風幡動仁者心動之語。師卽時悟解。後乃示徒曰。吾初學天台法門語下便薦。然千日之內四儀之中。似物礙膺。如讎同所。

---

[28] 사의(四儀) : 사위의(四威儀). 행주좌와(行住坐臥)의 일상행위.

그러더니 천 날이 지난 뒤에는 하루 종일 지내도 아무 것도 가슴에 걸리지 않고, 원수와 같이 있는 것 같지도 않으며 당장 편안해지면서 지난날의 허물을 단박에 깨달았다."

그리고는 게송 세 수를 지었는데, 첫째는 바람이나 깃발이 움직이는 것이 아니요, 그대의 마음이 움직인다는 게송이다.

바람이나 깃발이 움직이는 것이 아니라
그대의 마음이 움직인다고
옛부터 전하여 오늘에 이르렀네
이 뒤로 납자들이 깨닫고자 하면
조사의 진심을 알아야 하네

千日之後一日之中物不礙膺讎不同所。當下安樂頓覺前咎。乃述頌三首。
一非風幡動仁者心動。頌曰。
　非風幡動唯心動
　自古相傳直至今
　今後水雲徒欲曉
　祖師真實好知音

둘째는 색을 보면 곧 마음을 본다는 게송이다.

만약 색을 보면 곧 마음을 본다지만
누군가가 물으면 진실로 대답하기는 어렵네
더구나 도리를 취하여 여러 가지를 말한다면
평생 동안 입은 세벌 납의를 저버리는 꼴일세

셋째는 자기를 밝히는 게송이다.

광대한 겁으로부터 다만 이러-하여
하늘과 땅도 또한 이러-한 것 뿐이네

二見色便見心。頌曰。
若是見色便見心
人來問著方難答
更[29]求道理說多般
孤負平生三事衲
三明自己。頌曰。
曠大劫來祇如是
如是同天亦同地

---

29) 更이 원나라본에는 若으로 되어 있다.

땅과 사람이 같다 했으니 어떤 형상인고?
어떤 형상이냐고 했지만 이것 아닌 것 없네

대사는 이로부터 발로는 성이나 읍을 밟지 않고, 손으로는 재물을 세지 않으며, 침구를 마련하지 않고, 명주옷을 입지 않으며, 묘시(卯時)에 한 끼니만 먹고, 새벽부터 저녁까지 앉아 제자들을 지도하기에 조석으로 정성을 다하였는데, 30년이 지나도 그 뜻은 더욱 간절하였다.

대사가 대중에게 보이고 말하였다.
"그대들 여러분은 대밭, 난야(蘭若), 산수(山水), 절, 사람들을 보는가? 보았다면 마음 밖에 법이 있는 것이요, 보지 못했다면 눈앞에 대밭, 난야, 산수, 절, 사람들이 나타난 것을 어찌 말하겠는가? 그러니 땅을 치며 이렇게 보이면서 말하는 뜻을 알겠는가?

同地同人作麼形
作麼形兮無不是
師自爾足不歷城邑。手不度財貨。不設臥具。不衣繭絲。卯齋終日宴坐。申旦誨誘徒眾。朝夕懇至踰三十載其志彌屬。師示眾云。你等諸人還見竹林蘭若山水院舍人眾麼。若道見則心外有法。若道不見焉奈竹林蘭若山水院舍人眾現在搋然地。還會恁麼告示麼。

안다면 거리낌 없는 영리함이라 하리라. 일이 없으니 서 있을 것 없다."

대사가 또 대중에게 보이고 말하였다.
"부처님의 몸이 법계에 충만하여 중생들 앞에 두루 나타나 인연을 따라서 감응하여 두루하지 않은 곳이 없건만 항상 이 보리의 자리는 여의지 않았다 하니, 만일 부처님의 몸이 법계에 가득하다면 보살계(菩薩界), 연각계(緣覺界), 성문계(聲聞界), 천계(天界), 수라계(修羅界), 인계(人界), 축생계(畜生界), 아귀계(餓鬼界), 지옥계(地獄界) 등 여러 세계는 자취 없어야 될 것인데, 어째서 이런 두 가지, 세 가지 설이 있는가?
법계가 오직 부처님의 몸뿐이라면서 그렇게 말한다면 그렇게 말하는 것이 벌써 두세 가지 말이 되거늘, 무엇을 법계에 가득찬 부처님의 몸이라 하는가?

若會不妨靈利。無事莫立。師示眾云。佛身充滿於法界。普現一切群生前。隨緣赴感靡不周。而常處此菩提座。若道佛身充滿於法界去。菩薩界緣覺界聲聞界天界修羅界人界畜生界餓鬼地獄界。如是等界應須勿有蹤跡去始得。為什麼有此二三說。為道法界唯是佛身。便恁麼道恁麼道既成二三。又作麼生說。是充滿法界底佛身。

이 속에서 그대들이 어지러이 지껄여서 되겠는가? 이런 말에서 깨달으면 마음의 실체를 살필 때 제법 힘을 덜었겠지만, 깨닫지 못한다면 그대들은 말해 봐라. 아승지겁을 지나지 않고 법신을 얻을 사람이 누구라고 여기는가? 모두들 물러가서 피로할 것이니 목욕하도록 하라."

언젠가 대사가 말하였다.
"불법에서 참선하는 이들이라면 반드시 화두나 물어서 배우는 것을 참선이라 하지 말 것이며, 반드시 화두나 간택하여 배우는 것을 참선이라 하지 말 것이며, 반드시 대신 말하거나 배우는 것을 참선이라 하지 말 것이며, 반드시 특별하게 말하거나 배우는 것을 참선이라 하지 말 것이며, 반드시 경이나 논에 있는 특이한 말이나 부수기를 배우는 것을 참선이라 하지 말 것이며, 반드시 조사들의 기특한 말이나 부수기를 배우는 것을 참선이라 하지 말아야 할 것이다.

向這裏爲你等亂道。還得麼。於這箇說話若也薦得。不妨省心力。若也薦不得你等且道。不歷僧祇獲法身。是箇甚人。彼此出浴勞倦不妨且退。師有時云。大凡參學佛法未必學問話是參學。未必學揀話是參學。未必學代語是參學。未必學別語是參學。未必學捻破經論中奇特言語是參學。未必捻破諸祖師奇特言語是參學。

만일 이러한 것들을 참선이라 한다면 너희들이 칠통팔달(七通八達)하여 능하다 할지라도 불법에 대한 올바른 견해가 없으니 건혜(乾慧)30)의 무리라 할 것이다.

듣지 못했는가? 고덕이 말씀하시기를 '총명함으로는 생사를 대적하지 못하니 건혜로 어찌 괴로운 윤회를 면하리오.'라고 하셨다. 여러분들이 만일 참선하는 이라면 진실하게 참선해야 옳다.

진실하게 참선한다는 것은 다닐 때에는 다니면서 참선하고, 서 있을 때에는 서서 참선하고, 앉았을 때에는 앉아서 참선하고, 잘 때에는 자면서 참선하고, 말할 때에는 말하면서 참선하고, 잠자코 있을 때에는 잠자코 있으면서 참선하고, 온갖 일을 볼 때에는 일을 보면서 참선하는 것이다.

若也於如是等參學。任你七通八達。於佛法中儻無箇實見處。喚作乾慧之徒。豈不聞古德云。聰明不敵生死。乾慧豈免苦輪。諸人若也參學。應須真實參學始得。真實參學也行時行時參取。立時立時參取。坐時坐時參取。眠時眠時參取。語時語時參取。默時默時參取。一切作務時一切作務時參取。

---

30) 건혜(乾慧) : 진실한 지혜가 못 되는 알음알이.

이미 이렇게 참선한다면 또한 일러 봐라. 참선하는 이는 누구인가? 무엇을 참선한단 말인가? 이 속에 이르렀다면 반드시 스스로 분명한 곳이 있어야 한다. 만약 분명하지 않다면 차제를 짓는 참학(參學)이라 하리니, 끝내 깨닫지 못할 것이다."

또 말하였다.
"그윽한 숲에서 새가 지저귀고 푸른 시냇물에는 고기가 뛴다. 조각구름이 하늘에 펼쳐져 있고 폭포가 울부짖는다. 그대들은 이와 같이 허다한 경계가 그대들에게 깨달아 들어갈 길을 보여 주고 있다는 것을 아는가? 얻은 것을 알면 방해로움이 없으리니 참구하는 것이 좋겠다."

또 말하였다.

既向如是等時參。且道參箇甚人參箇什麼說。到這裏須自有箇明白處始得。若非明白處喚作造次參學則無究了。又云。幽林鳥叫碧澗魚跳。雲片展張瀑聲嗚咽。你等還知得如是多景象示你等箇入處麼。若也知得不妨參取好。又云。

"천태교(天台敎)에서 문수와 관음과 보현의 세 문을 말했는데, 문수의 문은 온갖 빛이요, 관음의 문은 온갖 소리요, 보현의 문은 걸음을 걷지 않고 이른다 하였다.

그러나 나는 문수의 문은 온갖 빛도 아닌 것이요, 관음의 문은 온갖 소리도 아닌 것이라 하니, 보현의 문은 무엇이어야 되겠는가? 천태교를 떠나서 이야기했다고 말하지 말라. 일이 없으니 물러가라."

또 말하였다.
"'남전(南泉)이 열반한 뒤에는 어디로 갔겠는가? 동쪽 집에서 나귀가 되고, 서쪽 집에서 말이 되었다'는 말을 만일 삼계를 벗어나기 위해 수행하는 사람이 듣고 여우와 같은 의심을 하거나 놀라는 것도 당연하다.

天台敎中說文殊觀音普賢三門。文殊門者一切色。觀音門者一切聲。普賢門者不動步而到。我道文殊門者不是一切色。觀音門者不是一切聲。普賢門者是箇什麽。莫道別却天台敎說話。無事且退。又云。南泉遷化向甚處去。東家作驢西家作馬。若是求出三界修行底人。聞這箇言語不妨狐疑不妨驚怛。

'남전이 열반한 뒤에는 어디로 갔겠는가? 동쪽 집에서 나귀가 되고, 서쪽 집에서 말이 되었다'는 말을 어떤 이는 회통(會通)하기를 '천만 가지로 변화한다 해도 진상(眞常)을 벗어나지 않았다는 것이다.'라고 했다.

또 '남전이 열반한 뒤에는 어디로 갔겠는가? 동쪽 집에서 나귀가 되고, 서쪽 집에서 말이 되었다'는 말을 어떤 이는 회통하기를 '이류(異類)의 행을 아는 이라야 이 말을 알 수 있으리라.'라고 했다.

또 '남전이 열반한 뒤에는 어디로 갔겠는가? 동쪽 집에서 나귀가 되고, 서쪽 집에서 말이 되었다'는 말을 어떤 이는 회통하기를 '동쪽 집도 남전이요, 서쪽 집도 남전이다.'라고 했다.

또 '남전이 열반한 뒤에는 어디로 갔겠는가? 동쪽 집에서 나귀가 되고, 서쪽 집에서 말이 되었다'는 말을 어떤 이는 회통하기를 '동쪽 집 서방님과 서쪽 집 서방님이다.'라고 했다.

南泉遷化向甚處去。東家作驢西家作馬。或會云。千變萬化不出眞常。南泉遷化向甚處去。東家作驢西家作馬。或會云。須會異類中行始會得這箇言語。南泉遷化向甚處去。東家作驢西家作馬。或會云。東家是南泉西家是南泉。南泉遷化向甚處去。東家作驢西家作馬。或會云。東家郎君子西家郎君子。

또 '남전이 열반한 뒤에는 어디로 갔겠는가? 동쪽 집에서 나귀가 되고, 서쪽 집에서 말이 되었다'는 말을 어떤 이는 회통하기를 '동쪽 집은 무엇이며, 서쪽 집은 무엇인가?'라고 했다.

또 '남전이 열반한 뒤에는 어디로 갔겠는가? 동쪽 집에서 나귀가 되고, 서쪽 집에서 말이 되었다'는 말을 어떤 이는 회통하기를 '나귀 소리를 내기도 하고, 말 울음소리를 내기도 한다.'라고 했다.

또 '남전이 열반한 뒤에는 어디로 갔겠는가? 동쪽 집에서 나귀가 되고, 서쪽 집에서 말이 되었다'는 말을 어떤 이는 회통하기를 '무엇을 동쪽 집에서 나귀가 되었다 하고, 무엇을 서쪽 집에서 말이 되었다 하는가?'라고 했다.

또 '남전이 열반한 뒤에는 어디로 갔겠는가? 동쪽 집에서 나귀가 되고, 서쪽 집에서 말이 되었다'는 말을 어떤 이는 회통하기를 '열반한 뒤에는 어디로 갔겠느냐고 묻는다면 묻는 곳에 있다고 하리라.'라고 했다.

南泉遷化向甚處去。東家作驢西家作馬。或會云。東家是什麼西家是什麼。南泉遷化向甚處去。東家作驢西家作馬。或會云。乃作驢叫又作馬嘶。南泉遷化向甚處去。東家作驢西家作馬。或會云。喚什麼作東家驢。喚什麼作西家馬。南泉遷化向甚處去。東家作驢西家作馬。或會云。既問遷化答在問處。

또 '남전이 열반한 뒤에는 어디로 갔겠는가? 동쪽 집에서 나귀가 되고, 서쪽 집에서 말이 되었다'는 말을 어떤 이는 회통하기를 '노주(露柱)가 되러 갔다.'라고 했다.

또 '남전이 열반한 뒤에는 어디로 갔겠는가? 동쪽 집에서 나귀가 되고, 서쪽 집에서 말이 되었다'는 말을 어떤 이는 회통하기를 '동쪽 집의 나귀가 된들 남전에게 무엇이 모자라며, 서쪽 집의 말이 된들 남전에게 무엇이 모자라겠는가.'라고 했다.

이와 같이 모든 집안에서 회통한 것이 모두가 불법에 안락처가 있다고들 알았다.

'남전이 열반한 뒤에는 어디로 갔겠는가? 동쪽 집에서 나귀가 되고, 서쪽 집에서 말이 되었다'는 말에 '학인은 모르겠습니다.'라고 한다면 '타고자 하면 타고 내리고자 하면 내린다.'라고 하리라.

이 대답은 여러 도리를 따질 필요 없이 알아야 한다. 만일 법성을 보았다면 일이 없다. 안녕."

南泉遷化向甚處去。東家作驢西家作馬。或會云。作露柱處去。南泉遷化向甚處去。東家作驢西家作馬。或會云。東家作驢虧南泉甚處。西家作馬虧南泉甚處。如是諸家會也。總知[31]佛法有安樂處。南泉遷化向甚處去。東家作驢西家作馬。學人不會。要騎便騎要下便下。這箇答話不消得多道理而會。若見法界性去也勿多事。珍重。

---

31) 知가 송, 원, 명나라본에는 於로 되어 있다.

또 말하였다.

"새벽에 일어나서 세수를 마치고는 차를 마시고, 차를 마시고 부처님 앞에 절을 하고, 예불을 하고는 화상과 일 보는 이에게 문안을 하고, 화상과 일 보는 이에게 문안을 하고는 큰방에서 행익(行益)[32]을 하고, 행익이 끝나면 큰방에 가서 죽을 먹고, 죽을 먹고는 휴게실에 가서 잠시 잠을 자고, 휴게실에 가서 잠시 자고는 일어나서 세수를 하고, 세수를 하고는 차를 마시고, 차를 마시고는 이 일 저 일을 살피고, 이 일 저 일을 살피고는 밥 때가 되면 큰방에서 행익을 하고, 행익이 끝나고는 밥을 먹고, 밥을 먹고는 양치를 하고, 양치를 하고는 차를 마시고, 차를 마시고는 이 일 저 일을 살피고, 이 일 저 일을 살피고는 황혼 예불을 한다."

又云。晨朝起來洗手面盥漱了喫茶。喫茶了佛前禮拜。佛前禮拜了和尚主事處問訊。和尚主事處問訊了僧堂裏行益。僧堂裏行益了上堂喫粥。上堂喫粥了歸下處打睡。歸下處打睡了起來洗手面盥漱。起來洗手面盥漱了喫茶。喫茶了東事西事。東事西事了齋時僧堂裏行益。齋時僧堂裏行益了上堂喫飯。上堂喫飯了盥漱。盥漱了喫茶。喫茶了東事西事。東事西事了黃昏唱禮。

---

32) 행익(行益) : 정인(淨人)이 법당에 모인 대중에게 빠짐없이 음식을 차례대로 담아 주는 일.

황혼 예불을 하고는 큰방 앞에서 할참(喝參)[33]을 하고, 할참을 하고는 일 보는 이에게 할참하고, 일 보는 이에게 할참을 하고는 화상께 문안을 하고, 화상께 문안을 하고는 초저녁 예불을 하고, 초저녁 예불을 하고는 큰방 앞에서 '진중(珍重)'을 외치고, 큰방 앞에서 진중을 외치고는 화상께 문안을 하고, 화상께 문안을 마치고는 예배를 하거나 정진을 하거나 경을 읽거나 염불을 한다. 이런 일 외에는 혹은 농장에 가거나 고을에 가거나 속가에 가거나 혹은 시장에 간다.

이미 이렇듯 여러 가지 활동이 있거늘 무엇을 움직임 없는 도리라 하며, 무엇을 나가상정(那伽常定) 즉 안정되지 않은 것이 없는 도리라 하는가? 말할 수 있겠거든 마음대로 말해 봐라. 안녕."

黃唱禮昏了僧堂前喝參。僧堂前喝參了主事處喝參。主事處喝參了和尙處問訊。和尙處問訊了初夜唱禮。初夜唱禮了僧堂前喝珍重。僧堂前喝珍重了和尙處問訊。和尙處問訊了禮拜行道誦經念佛。如此之外或往莊上。或入郡中。或歸俗家。或到市肆。旣有如是等運爲。且作麼生說箇勿轉動相底道理。且作麼生說箇那伽常在定無有不定體底道理。還說得麼。若也說得一任說取。珍重。

---

33) 할참(喝參) : 참문하러 온 것을 알리는 할.

또 말하였다.

"거울 속의 그림자는 오직 거울 빛에 의하여 나타나는데, 여러분이 하는 온갖 행동은 오직 무엇에 의하여 나타난다고 여기는가?

깨달아 알았는가? 만약 깨달아 알았다면 닦아가는 가운데 천 가지, 만 가지가 풍족하리라. 일 없으니 서 있을 것 없다."

또 말하였다.

"그대들 여러분은 밤에 깊이 잠들면 모든 것을 알지 못한다. 모든 것을 알지 못한다면 그대들에게 묻노니, 그대들은 그럴 때에 본래의 성품이 있다고 여기는가?

만일 그럴 때에 본래의 성품이 있다고 하자니, 그럴 때에는 모든 것을 알지 못하여 시체와 다름이 없고, 그럴 때에 본래의 성품이 없다고 하자니, 그때에도 잠이 갑자기 깨면 모든 것을 여전히 안다. 알겠는가?

又云。鑑中形影唯憑鑑光顯現。你等諸人所作一切事。且道唯憑箇什麼顯現。還知得麼。若也知得於參學中千足萬足。無事莫立。又云。你等諸人夜間眠熟不知一切。旣不知一切。且問。你等那時有本來性。若道那時有本來性。那時又不知一切與死無異。若道那時無本來性。那時睡眠。忽省覺知如故。還會麼。

모든 것을 알지 못하여 시체와 다름이 없다가 잠이 갑자기 깨면 모든 것을 여전히 아니, 그럴 때에는 그것이 무엇인가? 만일 모르겠거든 제각기 참구해서 체득하라. 일 없으니 서 있을 것 없다."

또 말하였다.

"모든 법이 마음에서 났다 하니, 이런 말은 집에 들어가는 문이다. 또 그대들에게 묻노니 눈으로 온갖 색을 보고, 귀로 온갖 소리를 듣고, 코로 온갖 냄새를 맡고, 혀로 온갖 맛을 알고, 몸에는 온갖 부드러운 것을 입고, 뜻으로는 온갖 법을 분별하는데, 눈·귀·코·혀·몸·뜻에 상대하는 물건들은 오직 그대들의 마음인가, 그대들의 마음이 아닌가?

만일 그대들의 마음이라면 어째서 그대들의 몸과 혼연히 한 덩어리가 되지 못하며, 어째서 상대하는 물건이 그대들의 눈·귀·코·혀·몸·뜻 밖에 있는가?

不知一切與死無異。睡眠忽省覺知如故。如是等時是箇什麼。若也不會各自體究取。無事莫立。又云。諸法所生唯心所現。如是言語好箇入底門戶。且問。你等諸人眼見一切色。耳聞一切聲。鼻嗅一切香。舌知一切味。身觸一切軟滑。意分別一切諸法。只如眼耳鼻舌身意所對之物。為復唯是你等心。為復非是你等心。若道唯是你等心。何不與你等身都作一塊了休。為什麼所對之物却在你等眼耳鼻舌身意外。

만일 눈·귀·코·혀·몸·뜻에 상대하는 물건이 그대들의 마음이 아니라면 모든 법이 마음에서 나타났다는 말이 세간에 퍼져 있어 누구나 이야기하는 것을 어찌하겠는가? 그대들이 이런 말을 들으면 알겠는가?

만일 모르겠거든 대가들이 쓰는 마음으로 참구하여 알도록 하라. 다행히 이 가운데 있으니 참구하여 배우기를 게을리 하지 말라. 일 없으니 물러가라."

대중상부(大中祥符) 원년 2월에 대사는 홀연히 맏 상좌인 여주(如晝)에게 말하였다.

"석감(石龕)[34]을 만들어라. 8월15일에 나는 곧 세상을 뜨리라." 여주가 분부대로 곧 석감을 만들었다.

你等若道眼耳鼻舌身意所對之物非是你等心。又焉奈諸法所生唯心所現。言語留在世間何人不擧著。你等見這箇說話。還會麼。若也不會大家用心商量敎會去。幸在其中莫令厭學。無事且退。大中祥符元年二月師忽謂上足如晝曰。可造石龕。仲秋望日吾將順化。如晝稟命尋卽成就。

---

34) 석감(石龕) : 돌로 만든 관.

시기가 되니 원근의 승속이 몰려와서 우러러 뵈었는데 이날도 묻고 가르치는 것은 여전하였다.

오시(午時)가 되자 방장실에 편안히 앉아 손으로 보인(寶印)을 맺고 여주에게 말하였다.

"옛사람이 말하기를 범의 머리를 타고 앉아 꼬리를 쳤다고 하였는데, 중앙의 일은 어찌하겠는가?"

여주가 대답하였다.

"다만 여주일 뿐입니다."

대사가 또 말하였다.

"네가 나에게 물어라."

여주가 물었다.

"범의 머리를 타고 앉아 꼬리를 쳤다고 하였는데, 중앙의 일은 화상께서는 어찌하시겠습니까?"

대사가 말하였다.

"나는 나온 적도 없는 것을 가지고 놀 뿐이다."

及期遠近士庶奔趨瞻仰。是日參問如常。至午時安坐方丈手結寶印。復謂如晝曰。古人云。騎虎頭打虎尾。中央事作麼生。如晝答云。也只是如晝。師云。你問我。晝乃問。騎虎頭打虎尾中央事和尚作麼生。師云。我也弄不出。

말을 마치자 한 눈만 약간 떠서 살며시 보면서 입적하니, 수명은 67세이고, 법랍은 42세였다. 장사(長史)가 이 사실을 모두 위에 아뢰니 조서를 본 고을에 내려 평소의 사실을 조사하게 하였다.
　여주는 대사가 저술한 죽림집(竹林集) 10권과 시와 노래 천여 수를 모두 위에 바치니 조서를 내려 장경각에 비장하게 하였고, 여주에게는 특별히 자의(紫衣)를 하사하였다.

　言訖奄然。開一目微視而寂。壽六十七。臘四十二。長吏具以事聞。詔本州常加檢視。如晝乃奉師嘗所著竹林集十卷詩篇歌辭共千餘首詣闕上進。詔藏祕閣。如晝特賜紫衣。

🐇 토끼뿔

"범의 머리를 타고 앉아 꼬리를 쳤다고 하였는데, 중앙의 일은 화상께서는 어찌하시겠습니까?" 했을 때

대원은 "이럴 뿐이다." 하리라.

앞의 항주(杭州) 보은사(報恩寺) 혜명(慧明) 선사의 법손

복주(福州) 장계(長谿) 보명원(保明院) 통법(通法) 도성(道誠) 대사

도성 대사가 법상에 올라 말하였다.
"한 사람을 위하는 것과 같이 여러 많은 사람을 위하는 것도 그렇다. 안녕."
어떤 승려가 물었다.
"어떤 것이 보명의 가풍입니까?"
대사가 말하였다.
"보라."

前杭州報恩寺慧明禪師法嗣。福州長谿保明院通法大師道誠。師上堂曰。如爲一人眾多亦然。珍重。僧問。如何是保明家風。師曰看。

"원음(圓音)[35]이 두루 울리면 세 무리가 고루 듣는데 서역에서 오신 큰 선인의 마음을 스님께서 비밀히 전해 주십시오."

대사가 말없이 보이니, 승려가 말하였다.

"그러면 뜻의 말〔意馬〕이 보배 말로 변하고, 마음의 소가 단박에 흰 소로 변하겠습니다."

"일곱 번 미끄러지고 여덟 번 쓰러지는구나."

"만일 그렇지 않다 하면 남의 조롱을 받겠습니다."

"절하고 물러가라."

"어떤 것이 화상의 서쪽에서 오신 뜻입니까?"

"나는 인도에 간 일이 없다."

"어떤 것이 학인의 서쪽에서 온 뜻입니까?"

"그대는 동쪽 땅에 얼마나 있었는가?"

問圓音普震三等齊聞。竺土偉心請師密付。師良久。僧曰。恁麼即意馬已成於寶馬。心牛頓作於白牛。師曰。七顚八倒。曰若不然者幾招哂笑。師曰。禮拜退後。問如何是和尚西來意。師曰。我不曾到西天。曰如何是學人西來意。師曰。汝在東土多少時。

---

35) 원음(圓音) : 원만구족한 부처님의 법문.

토끼뿔

"어떤 것이 학인의 서쪽에서 온 뜻입니까?" 했을 때

대원은 "좌구가 누설한다." 하리라.

앞의 항주(杭州) 영명사(永明寺) 도잠(道潛) 선사의 법손

항주(杭州) 천광왕사(千光王寺) 괴성(瓌省) 선사

괴성 선사는 온주(溫州) 도산(陶山) 사람으로 성은 정(鄭)씨이다. 어릴 때에 출가하여 율부(律部)를 정밀히 연구하다가 천태(天台)의 문구(文句)[36]를 듣고 원돈지관(圓頓止觀)에 마음을 기울였다.

나중에는 『능엄경』을 열람했으나 문리가 넓고 깊어서 활짝 깨닫지 못하다가 어느 날 저녁에 경을 다 읽고 경상 앞에서 잠깐 졸았는데, 꿈에 해가 하늘에서 내려오기에 입을 열어 삼켰다.

前杭州永明寺道潛禪師法嗣。杭州千光王寺瓌省禪師。溫州陶山人也。姓鄭氏。幼歲出家精究律部。聽天台文句棲心於圓頓止觀。後閱楞嚴文理宏濬未能洞曉。一夕誦經既久。就案若假寐。夢中見日輪自空降開口吞之。

---

36) 천태(天台)의 문구(文句) : 천태 지자 대사의 『법화경』 주석서인 『법화문구(法華文句)』.

이로부터 깨달음이 활짝 열려 차별의 이치문에 환하여 막힘이 없게 되었다.

그 뒤에 서울에서 영명의 법석이 성대하다는 말을 듣고 간곡히 참문했는데, 영명이 오직 앞의 견해만을 인가했을 뿐 달리 깨우침의 지도는 없었다. 그리고 충의왕(忠懿王)이 하사한 가사를 주어 신표를 삼게 하였다.

후에 호서(湖西)의 엄정원(嚴淨院)에 살았는데 개보 3년에 구주(衢州) 자사 옹성(翁晟)이 대사의 도덕을 소중히 여기어 서산(西山)을 개척하여 큰 절을 짓고[37] 대사에게 살라 하니 배우는 이들이 많이 모였다.

대사가 법상에 올라 말하였다.

自是倏然發悟。差別義門渙然無滯。後聞國城永明法席隆盛。專申參問。永明唯印前解無別指喩。即以忠懿王所遺衲衣授之表信。後住湖西嚴淨院。開寶三年衢州刺史翁晟仰重師道。乃開西山創大禪苑(太宗皇帝改賜寶雲寺額)。請師居之。學者臻萃。師上堂曰。

---

37) 태종 황제가 보운사라는 편액을 하사하였다. (원주)

"여러 상좌들이여, 불법에는 일이 없다. 옛날의 일월이 오늘의 일월이요, 옛날의 바람이 오늘의 바람이요, 옛날의 상좌가 오늘의 상좌이다. 다시 설하여 마쳤다거나 다시 들어 마쳤다고 이르지 말라. 일체가 이루어져 아름답게 드러나 있다. 안녕."

개보 5년 임신(壬申) 7월에 병이 났는데 의원을 구하지 않았다. 3일 전에 보배 나무와 목욕할 못이 나타나니 대사가 말하였다.
"모든 상이라는 것이 없는 것이다."
27일 저녁때에 대중을 모아놓고 이별의 말을 마치고는 편안히 앉아서 떠나니, 수명은 67세였다. 다비를 마치고는 사리를 거두어 문인들이 탑을 세웠다.

諸上座佛法無事。昔之日月今之日月。昔日風今日風。昔日上座今日上座。莫道舉亦了說亦了。一切成現好珍重。師開寶五年壬申七月示疾不求醫。三日前有寶樹浴池現。師曰。凡所有相皆是虛妄。二十七日晡時集眾言別安坐而逝。壽六十有七。闍維舍利門人建塔。

 토끼뿔

"여러 상좌들이여, 불법에는 일이 없다. 옛날의 일월이 오늘의 일월이요, 옛날의 바람이 오늘의 바람이요, 옛날의 상좌가 오늘의 상좌이다. 다시 설하여 마쳤다거나 다시 들어 마쳤다고 이르지 말라. 일체가 이루어져 아름답게 드러나 있다. 안녕." 했을 때

대원은 "옳기는 심히 옳으나 상처 나은 흔적이 큰 것을 어쩌랴." 하리라.

항주(杭州) 천광왕사(千光王寺) 괴성(瓌省) 선사

구주(衢州) 진경(鎭境) 지징(志澄) 대사

지징 대사에게 어떤 승려가 물었다.
"어떤 것이 하늘과 땅을 평정하여 고르게 하는 칼입니까?"
대사가 말하였다.
"털끝만큼도 샘이 없다."
"사용하는 이는 어떠합니까?"
"아는 것 없다."

"김을 매다가 호미 끝에 개구리나 지렁이가 상해도 죄가 됩니까?"
"누가 김을 맸는가?"
"그러면 죄가 없겠습니다."
"인과가 뚜렷하다."
대사는 나중에 항주의 서산 보운사로 옮겨 살면서 설법을 하니, 본국에서 자의를 하사하고 적선 대사(積善大師)라 호를 봉하였다.

衢州鎭境志澄大師。僧問。如何是定乾坤底劍。師曰。不漏絲髮。日用者如何。師曰。不知。問或因普請鋤頭損傷蝦蟇蚯蚓。還有罪也無。師曰。阿誰是下手者。曰恁麼即無罪過。師曰。因果歷然。師後遷住杭州西山寶雲寺說法。本國賜紫署積善大師。

 토끼뿔

"어떤 것이 하늘과 땅을 평정하여 고르게 하는 칼입니까?" 했을 때

대원은 "그대의 아버지는 남자다." 하고

"사용하는 이는 어떠합니까?" 했을 때

대원은 "어떠냐?" 하리라.

명주(明州) 숭복원(崇福院) 경상(慶祥) 선사

경상 선사가 법상에 올라 말하였다.
"여러 선덕들이여, 보는 성품이 두루 하고 듣는 성품도 그렇다. 시방에 훤출히 사무쳐 안팎이 없다. 그러므로 옛사람이 말하기를 '인연을 따르나 지음[作]이 없어 움직이거나 고요하거나 항상 참되다.'라고 하니, 이러한 활동이라야 온전히 참된 지혜의 씀이다."

어떤 이가 물었다.
"어떤 것이 본래사람입니까?"
대사가 말하였다.
"당당한 여섯 자가 퍽이나 분명하다."
"본래사람도 그런 모습입니까?"
"그대는 무엇을 본래사람이라 하는가?"
"스님께서 방편을 베풀어 주십시오."
"누구를 방편으로 가르치란 말인가?"

明州崇福院慶祥禪師。上堂曰。諸禪德見性周遍聞性亦然。洞徹十方無內無外。所以古人道。隨緣無作動寂常真。如此施為全真智用。問如何是本來人。師曰。堂堂六尺甚分明。曰只如本來人還作如此相貌也無。師曰。汝喚什麼作本來人。曰乞師方便。師曰。教誰方便。

토끼뿔

"어떤 것이 본래사람입니까?" 했을 때

대원은 "장명등 돌이다." 하리라.

앞의 항주(杭州) 영은사(靈隱寺) 청용(淸聳) 선사의 법손

항주(杭州) 임안(臨安) 공신원(功臣院) 도자(道慈) 선사

도자 선사에게 어떤 이가 물었다.
"스님께서 보배 자리에 오르시니 대중이 모두 모였습니다. 스님께서 종승의 가르침을 들어 제창해 주십시오."
대사가 말하였다.
"대중이 상좌를 증명한다."
"그러면 옛과 이제를 꿰뚫겠습니다."
"그래도 반드시 말귀를 알아들어야 된다."

前杭州靈隱寺淸聳禪師法嗣。杭州臨安功臣院道慈禪師。問師登寶座大眾咸臻請師舉揚宗教。師曰。大眾證明上座。曰恁麼即亘古亘今也。師曰。也須領話始得。

 토끼뿔

"스님께서 보배 자리에 오르시니 대중이 모두 모였습니다. 스님께서 종승의 가르침을 들어 제창해 주십시오." 했을 때

대원은 "들어올 때 뜰 앞 소나무가 나 먼저 일렀다." 하리라.

수주(秀州) 나한원(羅漢院) 원소(願昭) 선사

원소 선사는 전당(錢塘) 사람이다. 그 지방에 있는 서산(西山) 보청원(保淸院)에서 공부하다가 영은에 의해 깨우치니, 대중이 추천하여 세상에 드러나게 하였다.

대사가 법상에 올라 말하였다.
"산하대지가 참다운 선지식이어서 항상 설법하면서 때때로 사람을 제도하니 여러 상좌들은 그에게 참문해도 좋다. 일이 없는데 오래 서 있었다."
어떤 승려가 물었다.
"나한의 가풍을 한 말씀해 주십시오."
대사가 말하였다.
"가화(嘉禾)의 이삭이 나오니 온 나라 안에 꽃다운 향기가 퍼진다."

秀州羅漢院願昭禪師。錢塘人也。依本部西山保淸院受業。自靈隱發明眾請出世。師上堂曰。山河大地是真善知識。時常說法時時度人。不妨諸上座參請。無事久立。僧問。羅漢家風請師一句。師曰。嘉禾合穗。上國傳芳。

"그것은 여전히 가화의 가풍입니다. 어떤 것이 나한의 가풍입니까?"

"혹시 제방에 가거든 분명히 이야기하라."

대사가 나중에는 항주의 향엄사(香嚴寺)에 살았는데, 어떤 승려가 물었다.

"가는 티끌도 일어나지 않는 경지를 스님께서 바로 말씀해 주십시오."

"여러 사람이 그대를 비웃는다."

"어떻게 알아야겠습니까?"

"도리어 나의 화두(話頭)로구나."

曰此猶是嘉禾家風。如何是羅漢家風。師曰。或到諸方分明舉似。師後住杭州香嚴寺。僧問。不立纖塵請師直道。師曰。眾人笑汝。曰如何領會。師曰。還我話頭來。

 토끼뿔

"가는 티끌도 일어나지 않는 경지를 스님께서 바로 말씀해 주십시오." 했을 때

대원이라면 말없이 보였을 것이다.

처주(處州) 보은원(報恩院) 사지(師智) 선사

사지 선사에게 어떤 승려가 물었다.
"어떤 것이 화상의 가풍입니까?"
대사가 말하였다.
"누가 보지 못하는가?"

"어떤 것이 일상삼매(一相三昧)입니까?"
"청 · 황 · 적 · 백이니라."
"온통인 모습은 어디에 있습니까?"
"그대는 영리할 뿐이다."

"조사와 조사는 서로서로 조사의 심인을 전하셨다는데, 스님은 누구의 법을 이으셨습니까?"
"영축봉 앞에 달이 밝다."

處州報恩院師智禪師。僧問。如何是和尚家風。師曰。誰人不見。問如何是一相三昧。師曰。靑黃赤白。曰一相何在。師曰。汝却靈利。問祖祖相傳傳祖印。師今法嗣嗣何人。師曰。靈鷲峯前月輪皎皎。

토끼뿔

"어떤 것이 일상삼매(一相三昧)입니까?" 했을 때

대원은 "낮이면 일하고 밤이면 잔다." 하고

"온통인 모습은 어디에 있습니까?" 했을 때

대원은 "백세 노인은 앉아만 있다." 하리라.

구주(衢州) 곡녕(瀔寧) 가선(可先) 선사

가선 선사에게 어떤 승려가 물었다.
"어떤 것이 곡녕의 가풍입니까?"
대사가 말하였다.
"가리켜 보여 주어서 고맙다."

"어떤 것이 서쪽에서 오신 뜻입니까?"
"노승의 어디가 의심스러운가?"
"학인이 잘 모르겠으니 스님께서 방편으로 가리켜 보여 주십시오."
"금방 서쪽에서 온 뜻을 묻지 않았던가?"

衢州瀔寧可先禪師。僧問。如何是瀔寧家風。師曰。謝指示。問如何是西來意。師曰。怪老僧什麽處。曰學人不會乞師方便。師曰。適來豈不是問西來意。

 토끼뿔

"어떤 것이 서쪽에서 오신 뜻입니까?" 했을 때

대원은 "구름은 떠가고 기차는 달려간다." 하리라.

항주(杭州) 임안(臨安) 광효원(光孝院) 도단(道端) 선사

도단 선사에게 어떤 승려가 물었다.
"어떤 것이 부처입니까?"
대사가 말하였다.
"큰 소리로 물어라."
"혹시 곧 이것 아닙니까?"
"교섭이 끊어졌다."
대사는 나중에 영은사(靈隱寺)에 살다가 입적하였다.

杭州臨安光孝院道端禪師。僧問。如何是佛。師曰。高聲問著。曰莫卽便是也無。師曰。勿交涉。師後住靈隱寺示滅。

 토끼뿔

"어떤 것이 부처입니까?" 했을 때

대원은 "포대 화상이 웃는다." 하리라.

항주(杭州) 서산(西山) 보청원(保淸院) 우녕(遇寧) 선사

우녕 선사가 처음 개당(開堂)하는 날 자리에 오르자, 두 승려가 동시에 절을 하니 대사가 말하였다.
"두 사람이 다 틀렸다."
승려가 막 말하려 하자, 대사가 자리에서 내려갔다.

杭州西山保淸院遇寧禪師。初開堂陞座。有二僧一時禮拜。師曰。二人俱錯。僧擬進語。師便下座。

토끼뿔

대원은 우녕 선사의 두 번의 함에 대해 이르노라.

"우녕 선사의 두 번의 함 사미용두라 하리."

복주(福州) 지제산(支提山) 옹희사(雍熙寺) 변륭(辯隆) 선사

변륭 선사는 명주(明州) 사람이다. 영은사(靈隱寺)의 요오(了悟) 선사에 의해 출가하여 이어 심인(心印)을 받았다.

대사가 법상에 올라 말하였다.

"외외(巍巍)한 실상이 허공에 충만하여 금강의 당체라 파괴할 수 없다. 대중은 이를 보았는가, 보지 못했는가? 만일 보았다면 실상의 본체는 원래 청·황·적·백·장(長)·단(短)·방(方)·원(圓)이 아니어서, 또한 보고 듣고 깨달아 아는 법도 아니거늘 어떻게 보았다 하겠는가? 만일 보지 못했다면 외외한 실상이 허공에 충만하다 했거늘 어째서 보지 못하는가?"

福州支提山雍熙寺辯隆禪師。明州人也。依靈隱寺了悟禪師出家。遂受心印。師上堂曰。巍巍實相偏塞虛空。金剛之體無有破壞。大眾還見不見。若言見也且實相之體本非青黃赤白長短方圓。亦非見聞覺知之法。且作麼生說見底道理。若言不見又道。巍巍實相偏塞虛空。為什麼不見。

어떤 승려가 물었다.

"어떤 것이 모든 것을 초월했다는 것마저 세우지 않는 한 길입니까?"

대사가 말하였다.

"발밑이다."

"그러면 평상시에 밟는 것이겠군요."

"잘못 알지 말라."

"어떤 것이 굳고 비밀한 몸입니까?"

"드러난 바탕이다."

"그러면 비밀한 것이 아니겠습니다."

"무엇을 보았는가?"

僧問。如何是向上一路。師曰。脚下底。曰恁麼即尋常履踐。師曰。莫錯認。問如何是堅密身。師曰。倮倮地。曰恁麼即不密也。師曰。見什麼。

 토끼뿔

"어떤 것이 굳고 비밀한 몸입니까?" 했을 때

대원은 "누가 묻느냐?" 하고

"그러면 비밀한 것이 아니겠습니다." 했을 때

대원은 "그런 말이 서느냐?" 하리라.

항주(杭州) 서룡원(瑞龍院) 희원(希圓) 선사

희원 선사에게 어떤 승려가 물었다.
"어떤 것이 화상의 가풍입니까?"
대사가 말하였다.
"그대가 물어주어서 특별히 감사한다."
"물은 일은 없지 않으나 가풍은 어떠합니까?"
"이 조는 놈아."

杭州瑞龍院希圓禪師。僧問。如何是和尙家風。師曰。特謝闍梨借問。曰借問即不無家風作麼生。師曰。瞌睡漢。

토끼뿔

"어떤 것이 화상의 가풍입니까?" 했을 때

대원은 "어디서든지 딴 말은 말아라." 하리라.

앞의 금릉(金陵) 보자(報慈) 행언(行言) 도사의 법손

홍주(洪州) 운거산(雲居山) 의능(義能) 선사(제9세 주지)

의능 선사가 법상에 올라 말하였다.
 "올라올 필요도 없다. 방 안의 교진여(憍陳如)[38] 상좌가 여러분을 위해 제일의(第一義)의 법륜을 굴리고 있는데 깨달았는가? 만일 스스로가 믿어지거든 제각기 방으로 돌아가서 참구나 하라."

前金陵報慈行言導師法嗣。洪州雲居山義能禪師(第九世住)。師上堂曰。不用上來。堂中憍陳如上座為諸上座轉第一義法輪。還得麼。若自信得各自歸堂參取。

---

38) 교진여(憍陳如) : 부처님 성도 후 최초의 제자로 선원 큰방에는 그의 등상을 모신다.

대사가 법당에서 내려와 어떤 승려에게 물었다.
"아까 내가 그대들에게 성승(聖僧)에게 참구해 취하라고 했는데, 성승이 무엇이라 하던가?"
승려가 말하였다.
"화상께서 다시 말씀해 주시니 퍽 감사합니다."

어떤 승려가 물었다.
"어떤 것이 부처입니까?"
대사가 말하였다.
"마음이 부처이다."
"학인이 잘 모르겠으니 스님의 방편을 청합니다."
"방편으로 부처라 하였으니 빛을 돌이켜 몸과 마음이 무슨 물건인가 비추어 보아라."

師下堂後。却問一僧。只如山僧適來教上座參取聖僧。聖僧還道箇什麽。僧曰。特謝和尚再舉。問如何是佛。師曰。即心是佛。曰學人不會乞師方便。師曰。方便呼為佛迴光返照看身心是何物。

토끼뿔

"아까 내가 그대들에게 성승(聖僧)에게 참구해 취하라고 했는데, 성승이 무엇이라 하던가?" 했을 때

대원은 "산하대지 유정무정 모두가 보임이 다르지 않거늘 따로 방 안 성승만을 들먹이겠는가?" 하리라.

앞의 금릉(金陵) 청량(淸凉) 태흠(泰欽) 선사의 법손

홍주(洪州) 운거산(雲居山) 도제(道齊) 선사(제11세 주지)

도제 선사는 홍주 사람으로 성은 김(金)씨이다. 백장산(百丈山)의 명조(明照) 선사에 의해 승려가 되어 선원을 두루 다녔으나 배우려는 마음을 쉬지 못하더니, 나중에 법등(法燈) 선사를 만나 기틀에 단박에 계합되었다.
　법등이 상람원에 살게 되자 대사는 경장(經藏)[39]을 맡았는데, 어느 날 모시고 서 있으니 법등이 대사에게 말하였다.

前金陵淸凉泰欽禪師法嗣。洪州雲居山第十一世住道齊禪師。洪州人也。姓金氏。禮百丈山明照禪師得度。遍歷禪會學心未息。後遇法燈禪師機緣頓契。曁法燈住上藍院。師乃主經藏。一日侍立次法燈謂師曰。

---

39) 경장(經藏) : 절에서 경전을 넣어두는 집.

"장주(藏主)⁴⁰⁾야, 나에게 한 토막 서쪽에서 오신 뜻의 이야기가 있는데 그대는 어찌 생각하는가?"

대사가 대답하였다.

"동쪽도 아니고 서쪽도 아닙니다."

법등이 말하였다.

"그래서야 무슨 교섭이 있겠는가?"

"도제는 다만 이러한데 화상의 높으신 뜻은 어떠하십니까?"

"그 집에는 본래 자손이 있느니라."

대사가 이로부터 그 뜻을 단박에 깨달았다.

처음에는 균주(筠州)의 동선원(東禪院)에 살았는데, 어떤 승려가 물었다.

"어떤 것이 부처입니까?"

대사가 말하였다.

"그대는 누구인가?"

藏主我有一轉西來意話。汝作麼生會。師對曰。不東不西。法燈曰。有什麼交涉。曰道齊只恁麼。未審和尚尊意如何。法燈曰。他家自有兒孫在。師於是頓明厥旨。初住筠州東禪院。僧問。如何是佛。師曰。汝是阿誰。

---

40) 장주(藏主) : 경장을 맡은 직책의 이름.

"가시밭에서 벗어날 길이 없으니 스님께서 방편을 써서 열어 주십시오."
"그대는 어디를 향하여 가려는가?"
"하마터면 여기에 이르지 못할 뻔했습니다."
"부질없는 말이다."

"윤회를 면하지 못하고 해탈을 구하지도 않을 때에는 어떠합니까?"
"일찍이 건산(建山)에게 물은 일이 있는가?"
"학인이 잘 모르겠으니 스님께서 방편을 베풀어 주십시오."
"그대에게 30방을 때리리라."

"어떤 것이 삼보(三寶)입니까?"
"그대는 어떤 보배인가?"
"어떻습니까?"
"흙·나무·기왓쪽이니라."

問荊棘林中無出路。請師方便為畲開。師曰。汝擬去什麼處。曰幾不到此。師曰。閑言語。問不免輪迴不求解脫時如何。師曰。還曾問建山麼。曰學人不會乞師方便。師曰。放你三十棒。問如何是三寶。師曰。汝是什麼寶。曰如何。師曰。土木瓦礫。

대사는 다음에 홍주의 쌍림원(雙林院)에 살았고, 나중에는 운거산(雲居山)에 살았는데 세 곳에서 설법하였다. 그리고 요긴한 법어와 수현(搜玄)[41], 염고(拈古)[42], 대(代)[43], 별(別)[44] 따위를 저술한 것이 제방에 많이 퍼졌는데 여기서는 번거로워 수록하지 않는다.

지도(至道) 3년 정유(丁酉) 9월에 병이 났는데, 8일 신시(申時)에 종을 치고 대중을 모으라 하였다. 유나(維那)가 대중이 다 모였다고 알리니 대사가 말하였다.

"내가 세 곳에서 주지를 한 지 30년에 시방의 형제들이 모여서 도를 이야기했고 일 보는 이들이 힘써 나를 도왔는데, 나에게는 오늘 불과 바람이 마주 닥쳐왔기에 특별히 모든 사람이 보도록 힘썼으니 모든 사람들이여, 보았는가?

師次住洪州雙林院。後住雲居山。三處說法。著語要搜玄拈古代別等集盛行諸方。此不繁錄。至道三年丁酉九月示疾。八日申時令聲鍾集眾。維那白云。眾已集。師曰。老僧三處住持三十餘年。十方兄弟相聚話道。主事頭首勤心贊助老僧。今日火風相逼。特與諸人相見。諸人還見麼。

---

41) 수현(搜玄) : 현묘함을 깊이 탐구하여 캐냄.
42) 염고(拈古) : 옛사람의 법문을 들추어내는 것.
43) 대(代) : 법문답 중 대답하지 못한 부분을 대신 대답하는 것.
44) 별(別) : 대답한 것을 다시 새롭게 답하는 것.

오늘 만약 보았다면 그것이 마지막 방편이다. 여러분은 어디서 보려 하는가? 사대와 오음에서 보려 하는가? 육입(六入)과 십이처(十二處)에서 보려 하는가?

이 속에서 보았다면 운거산(雲居山)에 산 지 20년 만에 후학들이 믿음직하게 되었다 하리라. 내가 떠난 뒤에는 산문과 대중을 계괴(契瓌)에게 맡기어 법당을 열고 주지를 하도록 하니, 무릇 일을 더욱 부지런히 행하라. 각자 노력하라. 안녕."

대중이 흩어지자 대사는 서쪽 방으로 가서 입적하니, 수명은 69세이고, 법랍은 48세였다. 지금도 탑이 본산에 남아 있다.

今日若見是末後方便諸人向什麼處見。爲向四大五陰處見。六入十二處見。這裏若見。便可謂雲居山二十年間後學有賴。吾去後山門大眾付契瓌開堂住持凡事更在勤而行之。各自努力珍重。大眾纔散。師歸西挾[45]告寂。壽六十九。臘四十八。今塔存本山。

---

45) 挾이 명나라본에는 掖으로 되어 있다.

 토끼뿔

◌ "가시밭에서 벗어날 길이 없으니 스님께서 방편을 써서 열어 주십시오." 했을 때

대원은 "북방 탱자가 남방에서는 귤이니라." 하리라.

◌ "어떤 것이 삼보(三寶)입니까?" 했을 때

대원은 "보성, 호박, 마노니라." 하리라.

앞의 금릉(金陵) 보은원(報恩院) 법안(法安) 선사의 법손

여산(廬山) 서현사(棲賢寺) 도견(道堅) 선사

도견 선사에게 어떤 관원이 물었다.
"제가 금릉의 전란을 수습하기 위해 무수한 사람을 죽였는데 죄가 있겠습니까?"
대사가 말하였다.
"나는 다만 맡아 다스리는 것을 보기만 하였을 뿐이다."

前金陵報恩院法安禪師法嗣。廬山棲賢寺道堅禪師。有官人問。某甲收金陵布陣殺人無數。還有罪也無。師曰。老僧只管看。

"어떤 것이 조사께서 서쪽에서 오신 뜻입니까?"
"양란과 좌리에는 바람은 없는데 파도가 인다."

"어떤 것이 서현의 경지입니까?"
"서현에 무슨 경지가 있겠는가?"

問如何是祖師西來意。
師曰。洋瀾左裏[46]無風浪起。問如何是棲賢境。師曰。棲賢有什麽境。

---

46) 裏가 원. 명나라본에는 里로 되어 있다.

 토끼뿔

"어떤 것이 조사께서 서쪽에서 오신 뜻입니까?" 했을 때

대원은 "어쩌다 남은 감이 눈 속에 붉다." 하리라.

여산(廬山) 귀종사(歸宗寺) 혜성(慧誠) 선사(제14세 주지)

혜성 선사는 양주(揚州) 사람으로 성은 최(崔)씨이다. 어려서 무주(撫州)의 명수원(明水院)으로 출가하여 구족계를 받고 제방으로 다니다가, 혜제(慧濟) 선사와 인연이 맞아 비밀히 심인을 받고 여산의 금봉(金峯)에다 암자를 세웠다.

순화(淳化) 4년 음력 4월에 귀종 유(歸宗柔) 화상이 입적하니, 군수와 산문의 대중이 세 차례나 대사에게 법문을 열어 주지하기를 청하였다.

처음 상당하여 자리에 앉기도 전에 대중에게 말하였다.

"하늘과 인간이 도를 얻을 때에는 이것으로 증명을 삼았으니, 이대로 흩어진다 해도 벌써 두루한 것이다. 만일 그래도 깨닫지 못하였다면 다시 설해 주리라."

廬山歸宗寺第十四世慧誠禪師。揚州人也。姓崔氏。幼出家於撫州明水院受具。遊方緣契慧濟禪師密承心印。庵於廬山之金峯。淳化四年孟夏月歸宗柔和尚歸寂。郡牧與山門徒眾三請師開法住持。初上堂未陞座。謂眾曰。天人得道以此為證。恁麼便散去。已是周遮。其如未曉再為重敷。

그리고는 자리에 올랐다. 이에 어떤 승려가 물었다.
"군수께서 자리에 왕림하셨으니 스님께서 법을 설해 주십시오."
대사가 말하였다.
"내가 그대에게 미치지 못한다."

"어떤 것이 부처입니까?"
"어떤 것이 아니던가?"

"어떤 것이 조사께서 서쪽에서 오신 뜻입니까?"
"모르겠다."

또 말하였다.
"묻는 것을 잠시 그쳐라. 제방의 상좌들이 겁이 다하도록 물어도 물을 것도 없고, 내가 겁이 다하도록 대답해도 대답이 미치지 못한다. 무슨 까닭이겠는가?

方乃陞座。僧問。郡主臨筵請師演法。師曰。我不及汝。 問如何是佛。師曰。如何不是。問如何是祖師西來意。師曰。不知。師又曰。問話且住諸上座問到窮劫問也不著。山僧答到窮劫答也不及。何以故。

여러 상좌들에게 제각기 본분의 일이 있어 시방에 원만하고 고금을 꿰뚫었기 때문이다. 부처님들까지도 감히 그대들을 그르치게 하지는 못한다.

정족(頂族)⁴⁷⁾이라 하지만 그저 상좌들이 밝히도록 도울 뿐이다. 그러므로 말하기를 '시방 법계의 모든 유정들이 생각생각에 부처의 과위를 증득하니 그들도 장부요, 나도 그렇거늘 어찌 스스로 가벼이 여겨 물러서리오.'라고 하였다.

상좌들이여, 물러서지 말라. 굳게 믿어 쉬어라. 조사께서 서쪽에서 오셔서 다만 성품을 보아 부처를 이룬다 하셨고, 그 밖의 말은 이 말씀에 미치지 못하거늘 다시 무슨 기특한 방편이 있기에 남에게 들어 보이랴. 여러분, 분명히 기억해 두었다가 제방에 가거든 잘못 이야기하지 말라. 오래 서 있었다. 안녕."

爲上座各有本分事圓滿十方亘古亘今。乃至諸佛也不敢錯誤上座。謂之頂族只助發上座。所以道。十方法界諸有情念念以證善逝果。彼旣丈夫我亦爾。何得自輕而退屈。諸上座不要退屈信取便休。祖師西來只道見性成佛。其餘所說不及此說。更有箇奇特方便。擧似諸人分明記取。到諸方莫錯擧。久立珍重。

---

47) 정족(頂族) : 본분경지의 성인들.

다른 날 법상에 오르니, 어떤 승려가 물었다.
"바람도 통하지 못하는 곳을 어떻게 하면 지날 수 있습니까?"
대사가 말하였다.
"그대는 어디서 왔는가?"

승려가 이야기하기를 "남전이 '병 속에 물이 있는데 구리병은 경계이니 경계를 동요시키지 말고 물을 갖다 달라.'고 하자, 등은봉(鄧隱峯)이 병을 들어 물을 쏟으니 남전은 그만 두었습니다"라고 하였다.
대사가 이에 말하였다.
"등은봉은 참 기이하게 어지러이 물을 쏟았구나."

대사는 접무(接武)와 귀종(歸宗)에서 14년 동안 있었는데 항상 500명이 넘는 대중이 있었다.

異日上堂。僧問。不通風處如何過得。師曰。從什麼處來。僧舉南泉云。銅瓶是境瓶中有水。不得動著境與老僧將水來。鄧隱峯便拈瓶瀉水。南泉乃休。師曰。鄧隱峯甚奇怪。要且亂瀉。師接武歸宗十有四載。常聚五百餘眾。

경덕(景德) 4년 3월 18일에 법상에 올라 대중을 하직하고 편안히 앉아서 떠나니, 수명은 67세이고, 법랍은 52세였다. 전신을 본산의 탑에 모셨다.

景德四年三月十八日上堂辭眾。安然而化。壽六十有七。臘五十二。全身塔於本山。

토끼뿔

"바람도 통하지 못하는 곳을 어떻게 하면 지날 수 있습니까?" 했을 때

대원은 "이렇게 하라." 하리라.

앞의 여주(廬州) 장안원(長安院) 연규(延規) 선사의 법손

여주(廬州) 장안원(長安院) 변실(辯實) 선사(제2세 주지)

변실 선사에게 어떤 승려가 물었다.
"어떤 것이 조사께서 서쪽에서 오신 뜻입니까?"
대사가 말하였다.
"영봉의 소실에서 9년을 살았느니라."

前廬州長安院延規禪師法嗣。廬州長安院辯實禪師(第二世住)。僧問。如何是祖師西來意。師曰。少室靈峯住九霄。

 토끼뿔

"어떤 것이 조사께서 서쪽에서 오신 뜻입니까?"했을 때

대원은 "주장자끝 짚신 한 짝이니라."하리라.

담주(潭州) 운개산(雲蓋山) 해회사(海會寺) 용청(用淸) 선사

용청 선사는 하주(河州) 사람으로 성은 조(趙)씨이다. 본주에서 출가하여 독실한 뜻으로 도를 구하다가 멀리 장안(長安)에 참문하고 남몰래 현묘한 종지를 깨달았다.

처음에는 소주(韶州)의 동평산에 살았는데, 순화(淳化) 2년에 담주 군수 장무종(張茂宗)이 운개산에 살기를 청하였다.[48]

어떤 승려가 물었다.

"어떤 사람이 만 길 우물 속에 있는데, 어찌하여야 벗어나겠습니까?"

潭州雲蓋山海會寺用淸禪師。河州人也。姓趙氏。本州出家酷志求法。遠參長安潛契宗旨。先住韶州東平山。淳化二年知潭州張茂宗請居雲蓋(第六世住)。僧問。有一人在萬丈井底如何出得。

---

[48] 제 6세 주지. (원주)

대사가 말하였다.

"서로 보니 기쁘니라."

"그러면 구름을 뚫고 달을 꿰뚫었겠습니다."

"삼십삼천의 일은 어찌하겠는가?"

승려가 말이 없었다.

"어떤 것이 운개의 경지입니까?"

대사가 말하였다.

"문 밖에 삼천(三泉)이라는 샘이다."

"어떤 것이 경지 안의 사람입니까?"

"동자행을 짓는다."

대사가 게송으로 대중에게 보였다.

師曰。且喜得相見。曰恁麼即穿雲透月去也。師曰。三十三天事作麼生。僧無語。問如何是雲蓋境。師曰。門外三泉井。曰如何是境中人。師曰。童行作子。師有頌示眾曰。

운개는 구결을 봉쇄해 버렸으니
뜻으로 헤아리려 하면 모두 머리가 부서진다
손뼉을 쳐서 현묘한 허공마저 쫓아버리니
구름 속에서 서산의 달이 드러나는구나

어떤 승려가 물었다.
"어떤 것이 운개의 입을 막는 비결입니까?"
대사가 말하였다.
"하늘과 땅에 두루하다."
"그러면 돌사람이 고개를 끄덕이고 노주가 손뼉을 치겠습니다."
"한 병의 맑은 물과 한 향로의 향이니라."
"이것도 역시 우물 속의 개구리이겠습니다."
"대중을 번거롭게 하는구나."

雲蓋鎖口訣
擬議皆腦裂
拍手趁玄空
雲露西山月
　僧問。如何是雲蓋鎖口訣。師曰。遍天遍地。曰恁麼即石人點頭露柱拍手。師曰。一瓶淨水一鑪香。曰此猶是井底蝦蟇。師曰。勞煩大眾。

대사는 항상 음식을 절제하여 대중을 따라 두 때에 발우를 펼 뿐, 혹 해와 달이 지나도록 단약(丹藥)도 먹지 않았으나 일을 하는데 장애가 없었으며, 초대되는 일이 있으면 배불리 먹되 욕심내는 일이 없었다.

지도(至道) 2년 4월 2일에 병으로 입적하니 화장을 하고는 본산에다 탑을 세웠다.

師常節飮⁴⁹⁾食隨眾二時但展鉢而已。或逾年月。亦不調練服餌無妨作務。有請必開。即便飽食而亡拘執。至道二年四月二日示疾而逝。闍維建塔於本山。

---

49) 飮이 송, 원나라본에는 段으로 되어 있다.

토끼뿔

"어떤 사람이 만 길 우물 속에 있는데, 어찌하여야 벗어나겠습니까?" 했을 때

대원은 "우물가를 친다." 하리라.

길주(吉州) 청원산(靑原山) 행사(行思) 선사의 제11세
앞의 소주(蘇州) 장수원(長壽院) 붕언(朋彦) 대사의 법손

장수(長壽) 법제(法齊) 선사(제2세 주지)

 법제 선사는 무주(婺州) 사람으로 성은 정(丁)씨이다. 처음에는
『백법론(百法論)』과 『인명론(因明論)』을 강의하였는데, 얼마 후 그
만두고 제방으로 다니다가 광법(廣法) 대사에게 법을 얻었다.
 건륭(建隆) 2년에 광법이 입적하면서 주지의 일을 맡겼는데, 절
도사(節度使)인 전인(錢仁)이 소중히 예우하여 진요(眞要)의 법을
제창해 달라 하였다.

 吉州靑原山行思禪師第十一世。前蘇州長壽院朋彦大師法嗣。長壽第二世
法齊禪師。婺州人也。姓丁氏。始講百法因明二論。尋置講遊方。受心印於
廣法大師。建隆二年廣法歸寂付授住持。節使錢仁奉禮重請揚眞要。

『백법론』을 강의하던 어떤 좌주(座主)가 물었다.

"영공(令公)께서 청하시고 사부대중이 모였으니, 스님께서 위로부터의 종승을 제창해 주십시오."

대사가 말하였다.

"『백법명문론(百法明門論)』이니라."

"결국 어떻습니까?"

"모든 법에 '나'라는 것이 없다."

"성동(城東)의 노모(老母)는 부처님과 동갑인데, 어째서 부처님을 보지 않으려 했습니까?"[50]

"본 적도 없는 것이 곧 도이다."

"그러면 보았겠습니다."

"성동의 노모는 부처님과 동갑이니라."

有百法座主問。令公請命四眾雲臻。向上宗乘請師舉唱。師曰。百法明門論。曰畢竟作麼生。師曰。一切法無我。問城東老母與佛同生。為什麼却不見佛。師曰。不見即道。曰恁麼即見去也。師曰。城東老母與佛同生。

---

50) 성동(城東)의 노모(老母)는 부처님과 같은 세상에 태어났으나, 부처님 뵙기를 싫어하였으므로 부처님께서 오시는 것을 보기만 하면 얼른 피하였다. 그러나 피하면 피할수록 피해지지 않아서 손으로 얼굴을 가렸으나 열 손가락마다 모두 부처님이 보였다.

대사는 태평흥국 3년 무인(戊寅)에 대중을 버리고 본원(本院)으로 가서 다른 방을 짓고 살았다. 함평(咸平) 3년 경자(庚子) 12월 11일에 입적하니, 수명은 89세이고, 법랍은 72세였다.

師太平興國三年戊寅捨眾就本院創別室宴居。咸平三年庚子十二月十一日示滅。壽八十九。臘七十二。

 토끼뿔

"영공(令公)께서 청하시고 사부대중이 모였으니, 스님께서 위로부터의 종승을 제창해 주십시오."했을 때

대원이라면 주장자를 세 번 쳤을 것이다.

색 인 표

ㄱ

가경(제9세)(24권)
가관 선사(19권)
가나제바(2권)
가문 선사(16권)
가비마라(1권)
가선 선사(26권)
가섭불(1권)
가야사다(2권)
가지 선사(10권)
가홍 선사(26권)
가훈 선사(26권)
가휴 선사(19권)
가휴(제2세)(24권)
간 선사(22권)
감지 행자(10권)
감홍 선사(15권)
강 선사(21권)
거방 선사(4권)
거회 선사(16권)
건봉 화상(17권)
계학산 화상(19권)
견숙 선사(8권)
겸 선사(20권)
경 선사(23권)
경산 감종(10권)
경산 홍인(11권)
경상(관음원)(26권)
경상(숭복원)(26권)
경소 선사(26권)
경여(제2세)(24권)
경잠 초현(10권)
경조 현자(17권)
경조미 화상(11권)
경준 선사(25권)
경진 선사(26권)
경탈 화상(22권)
경탈 화상(29권)

경통 선사(12권)
경현 선사(26권)
경혜 선사(15권)
경흔 선사(16권)
계눌 선사(21권)
계달 선사(24권)
계번 선사(19권)
계여 암주(21권)
계유 선사(23권)
계조 선사(25권)
계종 선사(24권)
계침 선사(21권)
계허 선사(10권)
고 선사(12권)
고사 화상(8권)
고정 화상(10권)
고정간선사(16권)
고제 화상(9권)
곡산 화상(23권)
곡산장 선사(16권)
곡은 화상(15권)
공기 화상(9권)
곽산 화상(11권)
관계 지한 선사(12권)
관남 장로(30권)
관음 화상(22권)
관주 나한(24권)
광 선사(14권)
광과 선사(23권)
광달 선사(25권)
광덕(제1세)(20권)
광목 선사(12권)
광법 행흠(24권)
광보 선사(13권)
광산 화상(23권)
광오 선사(22권)
광오(제4세)(17권)
광용 선사(12권)

광우 선사(24권)
광원 화상(26권)
광인 선사(15권)
광인 선사(17권)
광일 선사(20권)
광일 선사(25권)
광제 화상(20권)
광징 선사(8권)
광혜진 선사(13권)
광화 선사(20권)
괴성 선사(26권)
교 화상(12권)
교연 선사(18권)
구 화상(24권)
구나함모니불(1권)
구류손불(1권)
구마라다(2권)
구봉 도건(16권)
구봉 자혜(11권)
구산 정원(10권)
구산 화상(21권)
구종산 화상(15권)
구지 화상(11권)
굴다삼장(5권)
귀 선사(22권)
귀본 선사(19권)
귀신 선사(23권)
귀인 선사(20권)
귀정 선사(13권)
귀종 지상 (7권)
규봉 종밀(13권)
근 선사(26권)
금륜 화상(22권)
금우 화상(8권)
기림 화상(10권)

ㄴ

나찬 화상(30권)

나한 화상(11권)
나한 화상(24권)
낙보 화상(30권)
남대 성(21권)
남대 화상(20권)
남악 남대(20권)
남악 회양(5권)
남원 화상(12권)
남원 화상(19권)
남전 보원(8권)
낭 선사(23권)
내 선사(22권)
녹 화상(21권)
녹수 화상(11권)
녹원 화상(13권)
녹원휘 선사(16권)
녹청 화상(15권)

ㄷ

다복 화상(11권)
단기 선사(23권)
단하 천연(14권)
달 화상(24권)
담공 화상(12권)
담공(제2세)(20권)
담명 화상(23권)
담장 선사(8권)
담조 선사(10권)
담최 선사(4권)
대각 선사(12권)
대각 화상(12권)
대동 선사(15권)
대랑 화상(23권)
대력 화상(24권)
대령 화상(17권)
대모 화상(10권)
대범 화상(20권)
대비 화상(12권)

색 인 표

대승산 화상(23권)
대안 선사(9권)
대양 화상(8권)
대육 선사(7권)
대의 선사(7권)
대전 화상(14권)
대주 혜해(6권)
대천 화상(14권)
덕겸 선사(23권)
덕부 스님(29권)
덕산 선감(15권)
덕산(제7세)(20권)
덕소 국사(25권)
덕해 선사(22권)
도 선사(21권)
도간(제2세)(20권)
도건 선사(23권)
도견 선사(26권)
도겸 선사(23권)
도광 선사(21권)
도단 선사(26권)
도림 선사(4권)
도명 선사(4권)
도명 선사(6권)
도부 선사(18권)
도부 대사(19권)
도상 선사(10권)
도상 선사(25권)
도수 선사(4권)
도신 대사(3권)
도연 선사(20권)
도오(관남)(11권)
도오(천황)(14권)
도원 선사(26권)
도유 선사(17권)
도은 선사(21권)
도은 선사(23권)
도응 선사(17권)

도자 선사(26권)
도잠 선사(25권)
도전 선사 (17권)
도전(제12세)(24권)
도제(제11세)(26권)
도통 선사(6권)
도한 선사(17권)
도한 선사(22권)
도행 선사(6권)
도헌 선사(12권)
도흠 선사 (25권)
도흠 선사(4권)
도흠(제2세)(24권)
도희 선사(21권)
도희 선사(22권)
동계 화상(20권)
동봉 암주(12권)
동산 양개(15권)
동산혜 화상(9권)
동선 화상(19권)
동안 화상(8권)
동안 화상(16권)
동정 화상(23권)
동천산 화상(20권)
동탑 화상(12권)
둔유 선사(17권)
득일 선사(21권)
등등 화상(30권)

ㄹ

라후라다(2권)

ㅁ

마나라(2권)
마명 대사(1권)
마조 도일(6권)
마하가섭(1권)
만 선사(22권)

만세 화상(9권)
만세 화상(12권)
명 선사(17권)
명 선사(22권)
명 선사(23권)
명교 선사(22권)
명달소안(제4세)(26)권
명법 대사(21권)
명변 대사(22권)
명식 대사(22권)
명오 대사(22권)
명원 선사(21권)
명진 대사(19권)
명진 선사(21권)
명철 선사(7권)
명철 선사(14권)
명혜 대사(24권)
명혜 선사(22권)
모 화상(17권)
자사진조(12권)
몽계 화상(8권)
몽필 화상(19권)
묘공 대사(21권)
묘과 대사(21권)
무등 선사(7권)
무료 선사(8권)
무업 선사(8권)
무염 대사(12권)
무원 화상(15권)
무은 선사(17권)
무일 선사(24권)
무주 선사(4권)
무휴 선사(20권)
문 화상(22권)
문수 선사(17권)
문수 선사(25권)
문수 화상(16권)
문수 화상(20권)

문습 선사(24권)
문언 선사(19권)
문의 선사(21권)
문익 선사(24권)
문흠 선사(22권)
문희 선사(12권)
미령 화상(12권)
미령 화상(8권)
미선사(제2세)(23권)
미차가(1권)
미창 화상(12권)
미창 화상(14권)
민덕 화상(12권)

ㅂ

바사사다(2권)
바수밀(1권)
바수반두(2권)
박암 화상(17권)
반산 화상(15권)
반야다라(2권)
방온 거사(8권)
배도 선사(30권)
배휴(12권)
백거이(10권)
백곡 화상(23권)
백령 화상(8권)
백수사화상(16권)
백운 화상(24권)
백운약 선사(15권)
범 선사(20권)
범 선사(23권)
법건 선사(26권)
법괴 선사(26권)
법단 대사(11권)
법달 선사(5권)
법등 태흠(30권)
법만 선사(13권)

320 전등록 26권

색 인 표

법보 선사(22권)	복계 화상(8권)	사건 선사(17권)	서선 화상(10권)
법상 선사(7권)	복룡산(제1세)(17권)	사구 선사(26권)	서선 화상(20권)
법운 대사(22권)	복룡산(제2세)(17권)	사귀 선사(22권)	서암 화상(17권)
법운공(27권)	복룡산(제3세)(17권)	사내 선사(19권)	석가모니불(1권)
법융 선사(4권)	복림 선사(13권)	사눌 선사(21권)	석경 화상(23권)
법의 선사(20권)	복분 암주(12권)	사명 선사(12권)	석구 화상(8권)
법제 선사(23권)	복선 화상(26권)	사명 화상((15권)	석두 희천(14권)
법제(제2세)(26권)	복수 화상(13권)	사밀 선사(23권)	석루 화상(14권)
법지 선사(4권)	복타밀다(1권)	사보 선사(23권)	석림 화상(8권)
법진 선사(11권)	본계 화상(8권)	사선 화상(16권)	석상 경제(15권)
법해 선사(5권)	본동 화상(14권)	사야다(2권)	석상 대선 (8권)
법현 선사(24권)	본선 선사(26권)	사언 선사(17권)	석상 성공(9권)
법회 선사(6권)	본인 선사(17권)	사욱 선사(18권)	석상휘 선사(16권)
변륭 선사(26권)	본정 선사(5권)	사위 선사(20권)	석제 화상(11권)
변실(제2세)(26권)	봉 선사(11권)	사자 존자(2권)	석주 화상(16권)
보 선사(22권)	봉 화상(23권)	사정 상좌(21권)	선각 선사(8권)
보개산 화상(17권)	봉린 선사(20권)	사조 선사(10권)	선도 선사(20권)
보개약 선사(16권)	부강 화상(11권)	사지 선사(26권)	선도 화상(14권)
보광 혜심(24권)	부나야사(1권)	사진 선사(22권)	선미(제3세)(26권)
보광 화상(14권)	부배 화상(8권)	사해 선사(11권)	선본 선사(17권)
보리달마(3권)	부석 화상(11권)	사호 선사(26권)	선상 대사(22권)
보만 대사(17권)	불암휘 선사(12권)	삼상 화상(20권)	선소 선사(13권)
보명 대사(19권)	불여밀다(2권)	삼성 혜연(12권)	선소 선사(24권)
보문 대사(19권)	불오 화상(8권)	삼양 암주(12권)	선자 덕성(14권)
보봉 신당(17권)	불일 화상(20권)	상 선사(22권)	선장 선사(17권)
보봉 화상(15권)	불타 화상(14권)	상 화상(22권)	선정 선사(20권)
보수 화상 (12권)	불타난제(1권)	상각 선사(24권)	선천 화상(14권)
보수소 화상(12권)	붕언 대사(26권)	상관 선사(9권)	선최 선사 (12권)
보승 선사(24권)	비 선사(20권)	상나화수(1권)	선혜 대사(27권)
보안 선사(9권)	비구니 요연(11권)	상전 화상(26권)	설봉 의존(16권)
보운 선사(7권)	비마암 화상(10권)	상진 선사(23권)	성공 선사(14권)
보응 화상(12권)	비바시불(1권)	상찰 선사(17권)	성선사(제3세)(20권)
보적 선사(7권)	비사부불(1권)	상통 선사(11권)	성수엄 선사(17권)
보지 선사(27권)	비수 화상(8권)	상혜 선사(21권)	소 화상(22권)
보철 선사(7권)	비전복 화상(16권)	상홍 선사(7권)	소계 화상(30권)
보초 선사(24권)		서 선사(19권)	소명 선사(26권)
보화 화상(10권)	ㅅ	서륜 선사(25권)	소산 화상(30권)
보화 화상(24권)	사 선사(23권)	서목 화상(11권)	소수 선사(24권)

색 인 표

소암 선사(25권)
소요 화상(8권)
소원(제4세)(24권)
소자 선사(23권)
소종 선사(12권)
소진 대사(12권)
소현 선사(25권)
송산 화상(8권)
수 선사(24권)
수계 화상(8권)
수공 화상(14권)
수눌 선사(19권)
수눌 선사(26권)
수당 화상(8권)
수로 화상(8권)
수룡산 화상(21권)
수륙 화상(12권)
수빈 선사(21권)
수산 성념(13권)
수안 선사(24권)
수월 대사(21권)
수유산 화상(10권)
수인 선사(25권)
수진 선사(24권)
수청 선사(22권)
순지 대사(12권)
숭 선사(22권)
숭교 대사(23권)
숭산 화상(10권)
숭은 화상(16권)
숭진 화상(23권)
숭혜 선사(4권)
습득(27권)
승 화상(23권)
승가 화상(27권)
승가난제(2권)
승광 화상(11권)
승나 선사(3권)

승둔 선사(26권)
승밀 선사(15권)
승일 선사(16권)
승찬 대사(3권)
시기불(1권)
시리 선사(14권)
신건 선사(11권)
신당 선사(17권)
신라 청원(17권)
신록 선사(23권)
신수 선사(4권)
신안 국사(18권)
신장 선사(8권)
신찬 선사(9권)
실성 대사(22권)
심 선사(23권)
심철 선사(20권)
쌍계전도자(12권)

ㅇ

아난 존자(1권)
악록산 화상(22권)
안선사(제1세)(20권)
암 화상(20권)
암두 전활(16권)
암준 선사(15권)
앙산 혜적(11권)
애 선사(23권)
약산 유엄(14권)
약산(제7세)(23권)
약산고 사미(14권)
양 선사(6권)
양 좌주(8권)
양광 선사(25권)
양수 선사(9권)
언단 선사(22권)
언빈 선사(20권)
엄양 존자(11권)

여눌 선사(15권)
여만 선사(6권)
여민 선사(11권)
여보 선사(12권)
여신 선사(22권)
여체 선사(19권)
여회 선사(7권)
역촌 화상(12권)
연 선사(21권)
연관 선사(24권)
연교 대사(12권)
연규 선사(25권)
연덕 선사(26권)
연무 선사(17권)
연수 선사(26권)
연수 화상(23권)
연승 선사(26권)
연종 선사(19권)
연화(제2세)(23권)
연화상(제2세)(23권)
영 선사(19권)
영가 현각(5권)
영각 화상(20권)
영감 선사(26권)
영감 화상(23권)
영관사(12권)
영광 선사(24권)
영규 선사(15권)
영도 선사(5권)
영명 대사(18권)
영묵 선사(7권)
영서 화상(13권)
영숭(제1세)(23권)
영안(제5세)(26권)
영암 화상(23권)
영엄 선사(23권)
영운 지근(11권)
영준 선사(15권)

영초 선사(16권)
영태 화상(19권)
영평 선사(23권)
영함 선사(21권)
영훈 선사(10권)
오공 대사(23권)
오공 선사(24권)
오구 화상(8권)
오운 화상(30권)
오통 대사(23권)
온선사(제1세)(20권)
와관 화상(16권)
와룡 화상(17권)
와룡 화상(20권)
왕경초상시(11권)
요 화상(23권)
요각(제2세)(21권)
요공 대사(21권)
요산 화상(11권)
요종 대사(21권)
용 선사(20권)
용수 존자(1권)
용계 화상(20권)
용광 화상(20권)
용담 숭신(14권)
용산 화상(8권)
용아 거둔(17권)
용운대 선사(9권)
용준산 화상(17권)
용천 화상(23권)
용청 선사(26권)
용혈산 화상(23권)
용회 도심(30권)
용흥 화상(17권)
우녕 선사(26권)
우두미 선사(15권)
우바국다(1권)
우섬 선사(26권)

색 인 표

우안 선사(26권)
우연 선사(21권)
우연 선사(22권)
우진 선사(26권)
운개 지한(17권)
운개경 화상(17권)
운산 화상(12권)
운암 담성(14권)
운주 화상(20권)
운진 선사(23권)
원 선사(22권)
원 화상(23권)
원광 선사(23권)
원규 선사(4권)
원명 선사(11권)
원명(제3세)(23권)
원명(제9세)(22권)
원소 선사(26권)
원안 선사(16권)
원엄 선사(19권)
원제 선사(26권)
원조 대사(23권)
원지 선사(14권)
원지 선사(21권)
월륜 선사(16권)
월화 화상(24권)
위 선사(20권)
위국도 선사(9권)
위부 화엄(30권)
위산 영우(9권)
유 선사(24권)
유 화상(24권)
유건 선사(6권)
유경 선사(29권)
유계 화상(15권)
유관 선사(7권)
유연 선사(17권)
유원 화상(8권)

유장 선사(20권)
유정 선사(4권)
유정 선사(6권)
유정 선사(9권)
유칙 선사(4권)
육긍 대부(10권)
육통원소선사(17권)
윤 선사(22권)
윤 스님(29권)
은미 선사(23권)
은봉 선사(8권)
응천 화상(11권)
의능(제9세)(26권)
의름 선사(26권)
의소 화상(23권)
의안 선사(14권)
의원 선사(26권)
의유(제13세)(26권)
의인 선사(23권)
의전 선사(26권)
의초 선사(12권)
의총 선사(22권)
의충 선사(14권)
이산 화상(8권)
이종 선사(10권)
인 선사(19권)
인 선사(22권)
인 화상(23권)
인검 선사(4권)
인종 화상(5권)
인혜 대사(18권)
일용 화상(11권)
일자 화상(10권)
임전 화상(19권)
임제 의현(12권)
임천 화상(22권)

ㅈ

자광 화상(23권)
자국 화상(16권)
자동 화상(11권)
자만 선사(6권)
자복 화상(22권)
자재 선사(7권)
자화 선사(22권)
장 선사(20권)
장 선사(23권)
장경 혜릉(18권)
장용 선사(22권)
장이 선사(10권)
장평산 화상(12권)
적조 선사(21권)
전긍 선사(26권)
전법 화상(23권)
전부 선사(12권)
전식 선사(4권)
전심 대사(21권)
전은 선사(24권)
전초 선사(20권)
정 선사(21권)
정과 선사(20권)
정수 대사(22권)
정수 선사(13권)
정오 대사(21권)
정오 선사(20권)
정원 화상(23권)
정조 혜동(26권)
정혜 선사(24권)
정혜 화상(21권)
제 선사(25권)
제다가(1권)
제봉 화상(8권)
제안 선사(7권)
제안 화상(10권)
조 선사(9권)
조 선사(22권)

조산 본적(17권)
조수(제2세)(24권)
조주 종심(10권)
존수 선사(16권)
종괴 선사(21권)
종귀 선사(22권)
종랑 선사(11권)
종범 선사(17권)
종선 선사(24권)
종성 선사(23권)
종습 선사(19권)
종실 선사(23권)
종의 선사(26권)
종일 선사(21권)
종일 선사(26권)
종전 선사(19권)
종정 선사(19권)
종지 선사(20권)
종철 선사(12권)
종현 선사(25권)
종혜 대사(23권)
종효 선사(21권)
종혼 선사(21권)
주 선사(24권)
주지 선사(21권)
준 선사(24권)
준고 선사(15권)
중도 화상(20권)
중만 선사(23권)
중운개 화상(16권)
중흥 선사(15권)
증각 선사(23권)
증선사(제2세)(20권)
지 선사(4권)
지견 선사(6권)
지관 화상(12권)
지구 선사(22권)
지균 선사(25권)

색 인 표

지근 선사(26권)
지단 선사(22권)
지덕 대사(21권)
지도 선사(5권)
지륜 선사(24권)
지묵(제2세)(22권)
지봉 대사(26권)
지봉 선사(4권)
지부 선사(18권)
지상 선사(5권)
지성 선사(5권)
지암 선사(4권)
지엄 선사(24권)
지옹(제3세)(24권)
지원 선사(16권)
지원 선사(17권)
지원 선사(21권)
지위 선사(4권)
지은 선사(24권)
지의 대사(25권)
지의 선사(27권)
지의 화상(12권)
지장 선사(7권)
지장 화상(24권)
지적 선사(22권)
지조(제3세)(23권)
지진 선사(9권)
지징 대사(26권)
지철 선사(5권)
지통 선사(10권)
지통 선사(5권)
지행(제2세)(23권)
지황 선사(5권)
지휘 선사(20권)
진 선사(20권)
진 선사(23권)
진 존숙(12권)
진각 대사(18권)

진각 대사(24권)
진감(제4세)(23권)
진랑 선사(14권)
진응 선사(13권)
진적 선사(21권)
진적 선사(23권)
진화상(제3세)(23권)
징 선사(22권)
징 화상(24권)
징개 선사(24권)
징원 선사(22권)
징정 선사(21권)
징조 대사(15권)

ㅊ

찰 선사(29권)
창선사(제3세)(20권)
책진 선사(25권)
처미 선사(9권)
처진 선사(20권)
천개유 선사(16권)
천룡 화상(10권)
천복 화상(15권)
천왕원 화상(20권)
천태 화상(17권)
청간 선사(12권)
청교 선사(23권)
청면(제2세)(23권)
청모 선사(24권)
청법 선사(21권)
청석 선사(25권)
청양 선사(13권)
청요 선사(23권)
청용 선사(25권)
청욱 선사(26권)
청원 화상(17권)
청원 행사(5권)

청좌산 화상(20권)
청진 선사(23권)
청품(제8세)(23권)
청해 선사(23권)
청해 선사(24권)
청호 선사(21권)
청환 선사(21권)
청활 선사(22권)
초 선사(20권)
초남 선사(12권)
초당 화상(8권)
초복 화상(15권)
초오 선사(19권)
초증 대사(18권)
초훈(제4세)(24권)
총인 선사(7권)
추산 화상(17권)
충언(제8세)(23권)
취미 무학(14권)
칙천 화상(8권)
침 선사(22권)

ㅌ

타지 화상(8권)
태원부 상좌(19권)
태흠 선사(25권)
통 선사(17권)
통 선사(19권)
통법 도성(26권)
통변 도홍(26권)
통화상(제2세)(24권)
투자 감온(15권)

ㅍ

파조타 화상(4권)
파초 화상(16권)
파초 화상(20권)

포대 화상(27권)
풍 선사(23권)
풍간 선사(27권)
풍덕사 화상(12권)
풍혈 연소(13권)
풍화 화상(20권)

ㅎ

하택 신회(5권)
학륵나(2권)
학림 선사(4권)
한 선사(10권)
한산자(27권)
함계 선사(17권)
함광 선사(24권)
함택 선사(21권)
항마장 선사(4권)
해안 선사(16권)
해호 화상(16권)
행랑 선사(23권)
행명 대사(26권)
행수 선사(17권)
행숭 선사(22권)
행애 선사(23권)
행언 도사(25권)
행인 선사(23권)
행전 선사(20권)
행주 선사(19권)
행충(제1세)(23권)
향 거사(3권)
향성 화상(20권)
향엄 지한(11권)
향엄의단선사(10권)
헌 선사(20권)
현눌 선사(19권)
현량 선사(24권)
현밀 선사(23권)
현사 사비(18권)

색 인 표

현소 선사(4권)
현오 선사(20권)
현정 대사(4권)
현지 선사(24권)
현진 선사(10권)
현책 선사(5권)
현천언 선사(17권)
현천(제2세)(23권)
현칙 선사(25권)
현태 상좌(16권)
현통 선사(18권)
협 존자(1권)
협산 선회(15권)
혜 선사(20권)
혜 선사(22권)
혜 선사(23권)
혜가 대사(3권)
혜각 대사(21권)
혜각 선사(11권)
혜거 국사(25권)
혜거 선사(20권)
혜거 선사(26권)
혜공 선사(16권)
혜광 대사(23권)
혜능 대사(5권)
혜달 선사(26권)
혜랑 선사(14권)
혜랑 선사(21권)
혜랑 선사(26권)
혜렴 선사(22권)
혜륜 대사(22권)
혜만 선사(3권)
혜명 선사(25권)
혜방 선사(4권)
혜사 선사(27권)
혜성 선사(14권)
혜성(제14세)(26권)
혜안 국사(4권)

혜오 선사(21권)
혜원 선사(25권)
혜월법단(제3세)(26권)
혜일 대사(11권)
혜장 선사(6권)
혜제 선사(25권)
혜종 선사(17권)
혜철(제2세)(23권)
혜청 선사(12권)
혜초 선사(9권)
혜충 국사(5권)
혜충 선사(4권)
혜충 선사(23권)
혜하 대사(20권)
혜해 선사(20권)
호감 대사(22권)
호계 암주(12권)
홍구 선사(12권)
홍나 화상(8권)
홍변 선사(9권)
홍엄 선사(21권)
홍은 선사(6권)
홍인 대사(3권)
홍인 선사(22권)
홍장(제4세)(23권)
홍제 선사(23권)
홍진 선사(24권)
홍천 선사(16권)
홍통 선사(20권)
화룡 화상(23권)
화림 화상(14권)
화산 화상(17권)
화엄 화상(20권)
환보 선사(16권)
환중 선사(9권)
황룡(제2세)(26권)
황벽 희운(9권)
회기 대사(23권)

회악 선사(18권)
회악(제4세)(20권)
회우 선사(16권)
회운 선사(7권)
회운 선사(20권)
회정 선사(9권)
회주 선사(23권)
회초(제2세)(23권)
회충 선사(16권)
회통 선사(4권)
회해 선사(6권)
횡룡 화상(23권)
효료 선사(5권)
효영(제5세)(26권)
효오 대사(21권)
후 화상(22권)
후동산 화상(20권)
후초경 화상(22권)
휴정 선사(17권)
흑간 화상(8권)
흑수 화상(24권)
흑안 화상(8권)
흥고 선사(23권)
흥법 대사(18권)
흥평 화상(8권)
흥화 존장(12권)
희변 선사(26권)
희봉 선사(25권)
희원 선사(26권)

부 록

농선 대원 선사님 인가 내력

제 1 오도송

이 몸을 끄는 놈 이 무슨 물건인가?
골똘히 생각한 지 서너 해 되던 때에
쉬이하고 불어온 솔바람 한 소리에
홀연히 대장부의 큰 일을 마치었네

무엇이 하늘이고 무엇이 땅이런가
이 몸이 청정하여 이러-히 가없어라
안팎 중간 없는 데서 이러-히 응하니
취하고 버림이란 애당초 없다네

하루 온종일 시간이 다하도록
헤아리고 분별한 그 모든 생각들이
옛 부처 나기 전의 오묘한 소식임을
듣고서 의심 않고 믿을 이 누구인가!

此身運轉是何物
疑端汨沒三夏來
松頭吹風其一聲
忽然大事一時了

何謂靑天何謂地
當體淸淨無邊外
無內外中應如是
小分取捨全然無

一日於十有二時
悉皆思量之分別
古佛未生前消息
聞者卽信不疑誰

   대원 선사님의 스승이신 불조정맥 제77조 조계종(曹溪宗) 전강(田岡) 대선사님께서 1962년 대구 동화사의 조실로 계실 당시 대원 선사님께서도 동화사에 함께 머무르고 계셨다.
   하루는 전강 대선사님께서 대원 선사님의 3연으로 되어 있는 제1오도송을 들어 깨달은 바는 분명하나 대개 오도송은 짧게 짓는다고 말씀하셨다. 이에 대원 선사님께서는 제1오도송을 읊은 뒤, 도솔암을 떠나 김제들을 지나다가 석양의 해와 달을 보고 문득 읊었던 제2오도송을 일러드렸다.

제 2 오도송

해는 서산 달은 동산 덩실하게 얹혀 있고
김제의 평야에는 가을빛이 가득하네
대천이란 이름자도 서지를 못하는데
석양의 마을길엔 사람들 오고 가네

日月兩嶺載同模
金提平野滿秋色
不立大千之名字
夕陽道路人去來

제2오도송을 들으신 전강 대선사님께서는 이에 그치지 않고 그와 같은 경지를 담은 게송을 이 자리에서 즉시 한 수 지어볼 수 있겠냐고 하셨다. 대원 선사님께서는 곧바로 다음과 같이 읊으셨다.

바위 위에는 솔바람이 있고
산 아래에는 황조가 날도다

대천도 흔적조차 없는데
달밤에 원숭이가 어지러이 우는구나

岩上在松風
山下飛黃鳥
大千無痕迹
月夜亂猿啼

전강 대선사님께서는 위 송의 앞의 두 구를 들으실 때만 해도 지그시 눈을 감고 계시다가 뒤의 두 구를 마저 채우자 문득 눈을 뜨고 기뻐하는 빛이 역력하셨다.
　그러나 전강 대선사님께서는 여기에서도 그치지 않고 다시 한 번 물으셨다.
　"대중들이 자네를 산으로 불러내어 그 중에 법성(향곡 스님 법제자인 진제 스님. 동화사 선방에 있을 당시에 '법성'이라 불렸고, 나중에 '법원'으로 개명하였다.)이 달마불식(達磨不識) 도리를 일러보라 했을 때 '드러났다'라고 답했다는데, 만약에 자네가 당시의 양무제였다면 '모르오'라고 이르고 있는 달마 대사에게 어떻게 했겠는가?"
　대원 선사님께서 답하셨다.
　"제가 양무제였다면 '성인이라 함도 서지 못하나 이러-히 짐의 덕화와 함께 어우러짐이 더욱 좋지 않겠습니까?' 하며 달마 대사의 손을 잡아 일으켰을 것입니다."
　전강 대선사님께서 탄복하며 말씀하셨다.
　"어느새 그 경지에 이르렀는가?"

"이르렀다곤들 어찌하며, 갖추었다곤들 어찌하며, 본래라곤들 어찌하리까? 오직 이러-할 뿐인데 말입니다."
 대원 선사님께서 연이어 말씀하시자 전강 대선사님께서 이에 환희하시니 두 분이 어우러진 자리가 백아가 종자기를 만난 듯, 고수명창 어울리듯 화기애애하셨다.

 달마불식 공안에 대한 위의 문답은 내력이 있는 것이다. 전강 대선사님께서 대원선사님을 부르시기 며칠 전에, 저녁 입선 시간 중에 노장님 몇 분만이 자리에 앉아있을 뿐 자리가 텅텅 비어 있었다고 한다.
 대원 선사님께서 이상히 여기고 있던 중, 밖에서 한 젊은 수좌가 대원선사님을 불렀다. 그 수좌의 말이 스님들이 모두 윗산에 모여 기다리고 있으니 가자고 하기에 무슨 일인가 하고 따라가셨다.
 그러자 그 자리에 있던 법성 스님이 보자마자 달마불식 법문을 들고 이르라고 하기에 지체없이 답하셨다.
 "드러났다."
 곁에 계시던 송암 스님께서 또 안수정등 법문을 들고 물으셨다.
 "여기서 어떻게 살아나겠소?"
 대뜸 큰소리로 이르셨다.
 "안·수·정·등."
 이에 좌우에 모인 스님들이 함구무언(緘口無言)인지라 대원 선사님께서는 먼저 그 자리를 떠나 내려와 버리셨다.
 그 다음날 입승인 명허 스님께서 아침 공양이 끝난 자리에서 지난 밤 입선시간 중에 무단으로 자리를 비운 까닭을 묻는 대중 공사를 붙여산 중에서 있었던 일들이 낱낱이 드러나고 말았다. 그리하여 입선시간 중에 자리를 비운 스님들은 가사 장삼을 수하고 조실인 전강 대선사님께 참회의 절을 했던 일이 있었다.

전강 대선사님께서는 이때에 대원 선사님께서 달마불식 도리에 대해 일렀던 경지를 점검하셨던 것이다.

이런 철저한 검증의 자리가 있었던 다음 날, 전강 대선사님께서 부르시기에 대원 선사님께서 가보니 모든 것이 약조된 데에서 주지인 월산(月山) 스님께서 입회해 계셨으며 전강 대선사님께서는 곧바로 다음과 같이 전법게(傳法偈)를 전해주셨다.

전 법 게

부처와 조사도 일찍이 전한 것이 아니거늘
나 또한 어찌 받았다 하며 준다 할 것인가
이 법이 2천년대에 이르러서
널리 천하 사람을 제도하리라

佛祖未曾傳
我亦何受授
此法二千年
廣度天下人

덧붙여 이 일은 월산 스님이 증인이며 2000년까지 세 사람 모두 절대 다른 사람이 알게 하거나 눈에 띄게 하지 않아야 한다고 당부하셨다.

 만약 그러지 않을 시에는 대원 선사님께서 법을 펴 나가는데 장애가 있을 것이라고 예언하셨다. 또한 각별히 신변을 조심하라 하시고 월산 스님에게 명령해 대원선사님을 동화사의 포교당인 보현사에 내려가 교화에 힘쓰게 하셨다.

 대원 선사님께서 보현사로 떠나는 날, 전강 대선사님께서는 미리 적어두셨던 부송(付頌)을 주셨으니 다음과 같다.

　　부 송

어상을 내리지 않고 이러-히 대한다 함이여
뒷날 돌아이가 구멍 없는 피리를 불리니
이로부터 불법이 천하에 가득하리라

不下御床對如是
後日石兒吹無孔
自此佛法滿天下

 위의 게송에서 '어상을 내리지 않고 이러-히 대한다 함이여'라는 첫째 줄 역시 내력이 있는 구절이다.
 전에 대원 선사님께서 전강 대선사님을 군산 은적사에서 모시고 계실 당시 마당에서 홀연히 마주쳤을 때 다음과 같은 문답이 있었다.
 전강 대선사님께서 물으셨다.
 "공적(空寂)의 영지(靈知)를 이르게."

대원 선사님께서 대답하셨다.

"이러-히 스님과 대담(對談)합니다."

"영지의 공적을 이르게."

"스님과의 대담에 이러-합니다."

"어떤 것이 이러-히 대담하는 경지인가?"

"명왕(明王)은 어상(御床)을 내리지 않고 천하 일에 밝습니다."

위와 같은 문답 중에 대원 선사님께서 답하신 경지를 부송의 첫째 줄에 담으신 것이다.

전강 대선사님께서 대원선사님을 인가(印可)하신 과정을 볼 때 한 번, 두 번, 세 번을 확인하여 철저히 점검하신 명안종사의 안목에 탄복하지 않을 수 없으며 이에 끝까지 1초의 머뭇거림도 없이 명철하셨던 대원선사님께 찬탄하지 않을 수 없다.

그리하여 법열로 어우러진 두 분의 자리가 재현된 듯 함께 환희용약하지 않을 수 없다.

이제 전강 대선사님과 약속한 2천년대를 맞이하였으므로 여기에 전법게를 밝힌다.

이로써 경허, 만공, 전강 대선사님으로 내려온 근대 대선지식의 정법의 횃불이 이 시대에 이어져 전강 대선사님의 예언대로 불법이 천하에 가득할 것이다.

도서출판 문젠(Moonzen Press)의 책들

출간 도서

바로보인 전등록 전 5권
바로보인 무문관
바로보인 벽암록
바로보인 천부경·교화경·치화경
바로보인 금강경
세월을 북채로 세상을 북삼아
영원한 현실
바로보인 신심명
바로보인 환단고기 전 5권
바로보인 선문염송 전 30권
앞뜰에 국화꽃 곱고 북산에 첫눈 희다
바로보인 증도가
바로보인 반야심경
선을 묻는 그대에게 1·2
바로보인 선가귀감
바로보인 법융선사 심명
주머니 속의 심경
바로보인 법성게
달다 -전강 대선사 법어집
기우목동가
초발심자경문
방거사어록
실증설

하택신회대사 현종기
불조정맥 - 한·영·중 3개국어판
바른 불자가 됩시다
누구나 궁금한 33가지
108진참회문 - 한·영·중 3개국어판
달마의 일할도 허락지 않는다
마음대로 앉아 죽고 서서 죽고
화두 3개국어판 - 한·영·중
바로보인 간당론
완전한 우리말 불공예식법
바로보인 유마경
실증설 5개국어판 - 한·영·불·서·중
누구나 궁금한 33가지 3개국어판
- 한·영·중
달마의 일할도 허락지 않는다
3개국어판 - 한·영·중
법성게 3개국어판 - 한·영·중
정법의 원류
바로보인 도가귀감
바로보인 유가귀감
화엄경 81권
바로보인 전등록 전 30권

출간예정 도서

바로보인 능엄경 제6권
바로보인 원각경
바로보인 육조단경
바로보인 대전화상주 심경
바로보인 위앙록
해동전등록 전 10권
말 밖의 말
언어의 향기
농선 대원 선사 선송집

진리와 과학의 만남
바로보인 5대 종교
금강경 야부송과 대원선사 토끼뿔
선재동자 참알 오십삼선지식
경봉선사 혜암선사 법을 들어 설하다
십현담 주해
불교대전
태고보우선사 어록

1. 바로보인 전등록 (전30권을 5권으로)

7불과 역대 조사의 말씀이 1,700공안으로 집대성되어 있는 선종 최고의 고전으로, 깨달음의 정수가 살아 숨쉬도록 새롭게 번역되었다.
464, 464, 472, 448, 432쪽.
각권 18,000원

2. 바로보인 무문관

황룡 무문 혜개 선사가 저술한 공안집으로 전등록, 선문염송, 벽암록 등과 함께 손꼽히는 선문의 명저이다. 본칙 48개와 무문 선사의 평창과 송, 여기에 역저자인 대원선사의 도움말과 시송으로 생명과 같은 선문의 진수를 맛보여 주고 있다.
272쪽. 12,000원

3. 바로보인 벽암록

설두 선사의 설두송고를 원오 극근 선사가 수행자에게 제창한 것이 벽암록이다.
이 책은 본칙과 설두 선사의 송, 대원선사의 도움말과 시송으로 이루어져, 벽암록을 오늘에 맞게 바로 보이고 있다.
456쪽. 15,000원

4. 바로보인 천부경

우리 민족 최고(最古)의 경전 천부경을 깨달음의 책으로 새롭게 바로 보였다. 이 책에는 81권의 화엄경을 81자에 함축한 듯한 천부경과, 교화경, 치화경의 내용이 함께 담겨 있으며, 역저자인 대원선사가 도움말, 토끼뿔, 거북털 등으로 손쉽게 닦아 증득하는 문을 열어 놓고 있다.
432쪽. 15,000원

5. 바로보인 금강경

대원선사의 『바로보인 금강경』은 국내 최초로 독창적인 과목을 내어 부처님과 수보리 존자의 대화 이면의 숨은 뜻을 드러내고, 자문과 시송으로 본문의 핵심을 꿰뚫어 밝혀, 금강경 전체를 손바닥 안의 겨자씨를 보듯 설파하고 있다.
488쪽. 15,000원

6. 세월을 북채로 세상을 북삼아

대원선사의 선시가 담긴 선시화집 『세월을 북채로 세상을 북삼아』는 선과 시와 그림이 정상에서 만나 어우러진 한바탕이다.
선의 세계를 누리는 불가사의한 일상의 노래, 법열의 환희로 취한 어깨춤과 같은 선시가 생생하고 눈부시게 내면의 소리로 흐른다.
180쪽. 15,000원

7. 영원한 현실

애매모호한 구석이 없이 밝고 명쾌하여, 너무도 분명함에 오히려 그 깊이를 헤아리기 어려운, 대원선사의 주옥같은 법문을 모아 놓은 법문집이다.
400쪽. 15,000원

8. 바로보인 신심명

신심명은 양끝을 들어 양끝을 쓸어버리는, 40대치법으로 이루어진, 3조 승찬 대사의 게송이다. 이를 대원선사가 바로 번역하는 것은 물론, 주해, 게송, 법문을 더해 통쾌하게 회통하고 자유자재 농한 것이 이 『바로보인 신심명』이다.
296쪽. 10,000원

9. 바로보인 환단고기 (전5권)

『바로보인 환단고기』 1권은 민족정신의 정수인 환단고기의 진리를 총정리하여 출간하였다. 2권에는 역사총론과 태초에서 배달국까지 역사가 실려 있으며, 3권은 단군조선, 4권은 북부여에서부터 고려까지의 역사가 실려 있다. 5권에는 역사를 증명하는 부록과 함께 환단고기 원문을 실었다. 344 · 368 · 264 · 352 · 344쪽. 각권 12,000원

10. 바로보인 선문염송 (전30권)

선문염송은 세계최대의 공안집이다. 전 공안을 망라하다시피 했기에 불조의 법 쓰는 바를 손바닥 들여다보듯 하지 않고는 제대로 번역할 수 없다. 대원선사는 전 공안을 바로 참구할 수 있게끔 번역하고 각 칙마다 일러보였다. 352 368 344 352 360 360 400 440 376 392 384 428 410 380 368 434 400 404 406 440 424 460 472 456 504 528 488 488 480 512쪽. 각권 15,000원

11. 앞뜰에 국화꽃 곱고 북산에 첫눈 희다

대원선사의 선문답집으로 전강 · 경봉 · 숭산 · 묵산 선사와의 명쾌한 문답을 실었으며, 중앙일보의 〈한국불교의 큰스님 선문답〉열 분의 기사와 기자의 질문에 대한 대원선사의 별답을 함께 실었다.
200쪽. 5,000원

12. 바로보인 증도가

선종사에 사라지지 않을 발자취로 남은 영가 선사의 증도가를 대원선사가 번역하고 법문과 송을 더하였다. 자비의 방편인 증도가의 말씀을 하나하나 쳐가는 선사의 일갈이야말로 영가 선사의 본 의중과 일치하여 부합하는 것이라 아니할 수 없다.
376쪽. 10,000원

13. 바로보인 반야심경

이 시대의 야부(冶父)선사, 대원선사가 최초로 반야심경에 과목을 붙여 반야심경 내면에 흐르는 뜻을 밀밀하게 밝혀놓고 거침없는 송으로 들어보였다.
264쪽. 10,000원

14. 선(禪)을 묻는 그대에게 (전10권 중 2권)

대원선사의 선수행에 대한 문답집.
깨달아 사무친 경지에 대한 밀밀한 점검과, 오후보림에 대한 구체적인 수행법 제시와, 최초의 무명과 우주생성의 원리까지 낱낱이 설한 법문이 담겨 있다.
280쪽, 272쪽. 각권 15,000원

15. 바로보인 선가귀감

선가귀감은 깨닫고 닦아가는 비법이 고스란히 전수되어 있는 선가의 거울이라 할 만하다. 더욱이 바로보인 선가귀감은 매 소절마다 대원선사의 시송이 화살을 과녁에 적중시키듯 역대 조사와 서산대사의 의중을 꿰뚫어 보석처럼 빛나고 있다.
352쪽. 15,000원

16. 바로보인 법융선사 심명

심명 99절의 한 소절, 한 소절이 이름 그대로 마음에 새겨두어야 할 자비광명들이다.
이 심명은 언어와 문자이면서 언어와 문자를 초월한 일상을 영위하게 하는 주옥같은 법문이다.
278쪽. 12,000원

17. 주머니 속의 심경

반야심경은 부처님이 설하신 경 중에서도 절제된 경으로 으뜸가는 경이다. 대원선사의 선송(禪頌)도 그 뜻을 따라 간략하나 선의 풍미를 한껏 담고 있다. 하루에 한 소절씩을 읽고 참구한다면 선 수행의 지름길이 될 것이다.
 84쪽. 5,000원

18. 바로보인 법성게

법성게는 한마디로 화엄경의 핵심부를 온통 휘출히 드러내놓은 게송이다. 짧은 글 속에 일체의 법을 이렇게 통렬하게 담아놓은 법문도 드물 것이다.
이렇게 함축된 법성게 법문을 대원선사가 속속들이 밀밀하게 설해놓았다.
176쪽. 10,000원

19. 달다 - 전강 대선사 법어집

이제는 전설이 된 한국 근대선의 거목인 전강 선사님의 최상승법과 예리한 지혜, 선기로 넘쳤던 삶이 생생하게 담겨 있는 전강 대선사 법어집〈달다〉!
전강 대선사님의 인가 제자인 대원선사가 전강 대선사님의 법거량과 법문, 일화를 재조명하여 보였다.
368쪽. 15,000원

20. 기우목동가

그 뜻이 심오하여 번역하기 어려웠던 말계 지은 선사의 기우목동가!
대원선사가 바른 뜻이 드러나도록 번역하고, 간결한 결문과 주옥같은 선송으로 다시 보였다.
 146쪽. 10,000원

21. 초발심자경문

이 초발심자경문은 한문을 새기는 힘인 문리를 터득하게 하기 위하여 일부러 의역하지 않고 직역하였다. 대원선사의 살아있는 수행지침도 실려 있다.
266쪽. 10,000원

22. 방거사어록

방거사어록은 선의 일상, 선의 누림을 보여주는 대표적인 선문이다. 역저자인 대원선사는 방거사어록의 문답을 '본연의 바탕에서 꽃피우는 일상의 함'이라 말하고 있다. 법의 흔적마저 없는 문답의 경지를 온전하게 드러내 놓은 번역과, 방거사와 호흡을 함께 하는 듯한 '토끼뿔'이 실려 있다.
306쪽. 15,000원

23. 실증설

이 책은 대원선사가 2010년 2월 14일 구정을 맞이하여 불자들에게 불법의 참뜻을 보이기 위해 홀연히 펜을 들어 일시에 써내려간 법문을 모태로 하였다. 실증한 이가 아니고는 설파할 수 없는 성품의 이치를 자문자답과 사제간의 문답을 통해 1, 2, 3부로 나눠 실증하여 보이고 있다.
224쪽. 10,000원

24. 하택신회대사 현종기

육조대사의 법이 중국천하에 우뚝하도록 한 장본인, 하택신회대사의 현종기. 세간에 지해종도(知解宗徒)로 알려져 있는 편견을 불식시키는 뛰어난 깨달음의 경지가 여기에 담겨있다. 대원선사가 하택신회대사의 실경지를 드러내고 바로보임으로써 빛냈다.
232쪽. 10,000원

25. 불조정맥 - 韓·英·中 3개국어판

석가모니불로부터 현 78대에 이르기까지 불조정맥진영(佛祖正脈眞影)과 정맥전법게(正脈傳法偈)를 온전하게 갖춘 최초의 불조정맥서. 대원선사가 다년간 수집, 정리하여 기도와 관조 끝에 완성한 『불조정맥』을 3개국어로 완역하였다.
216쪽. 20,000원

26. 바른 불자가 됩시다

참된 발심을 하여 바른 신앙, 바른 수행을 하고자 해도, 그 기준을 알지 못해 방황하는 불자님들을 위해 불법의 바른 길잡이 역할을 하도록 대원선사가 집필하여 출간하였다.
162쪽. 10,000원

27. 누구나 궁금한 33가지

21세기의 인류를 위해 모든 이들이 가장 어렵고 궁금해 하는 문제, 삶과 죽음, 종교와 진리에 대한 바른 지표를 제시하고자 대원선사가 집필하여 출간하였다.
180쪽. 10,000원

28. 108진참회문 - 韓·英·中 3개국어판

전생의 모든 악연들이 사라져 장애가 없어지고, 소망하는 삶을 살게 하기 위해 대원선사가 10계를 위주로 구성한 108 항목의 참회문이다. 한 대목마다 1배를 하여 108배를 실천할 것을 권한다.
170쪽. 15,000원

29. 달마의 일할도 허락지 않는다

대원선사의 짧고 명쾌한 법문집.
책을 잡는 순간 달마의 일할도 허락지 않는 선기와 맞닥뜨리게 될 것이다. 때로는 하늘을 찌를 듯한 기세와, 때로는 흔적 없는 공기와도 같은 향기를 일별하기를…
190쪽. 10,000원

30. 마음대로 앉아 죽고 서서 죽고

생사를 자재한 분들의 앉아서 열반하고 서서 열반한 내력은 물론 그분들의 생애와 법까지 일목요연하게 수록해놓았다.
446쪽. 15,000원

31. 화두 3개국어판 - 韓 · 英 · 中

『화두』는 대원선사의 평생 선문답의 결정판이다. 생생하게 살아있는 선(禪)을 한 · 영 · 중 3개국어로 만날 수 있다. 특히 대원선사의 짧은 일대기가 실려 있어 그 선풍을 음미하는 데에 큰 도움을 주고 있다.
440쪽. 15,000원

32. 바로보인 간당론

법문하는 이가 법리를 모르고 주장자를 치는 것을 눈먼 주장자라 한다. 법좌에 올라 주장자 쓰는 이들을 위해서 대원선사가 간당론에서 선리(禪理)만을 취하여『바로보인 간당론』을 출간하였다.
218쪽. 20,000원

33. 완전한 우리말 불공예식법

부처님께 공양을 올리고 불보살님의 가피를 구하는 예법 등을 총칭하여 불공예식법이라 한다. 대원선사가 이러한 불공예식의 본뜻을 살려서 완전한 우리말본 불공예식법을 출간하였다.
456쪽. 38,000원

34. 바로보인 유마경

유마경은 불법의 최정점을 찍는 경전이라 할 것이니, 불보살님이 교화하는 경지에서의 깨달음의 실경과 신통자재한 방편행을 보여주는 최상승 경전이다. 대원선사가 〈대원선사 토끼뿔〉로 이 유마경에 걸맞는 최상승법을 이 시대에 다시금 드날렸다.
568쪽. 20,000원

35. 실증설
5개국어판 – 韓·英·佛·西·中

대원선사가 불법의 참뜻을 보이기 위해 홀연히 펜을 들어 일시에 써내려간 실증설! 실증한 이가 아니고는 설파할 수 없는 도리로 가득한 이 책이 드디어 영어, 불어, 스페인어, 중국어를 더하여 5개국어로 편찬되었다.
860쪽. 25,000원

36. 누구나 궁금한 33가지
3개국어판 – 韓·英·中

누구라도 풀어야 할 숙제인 33가지의 의문에 대한 답을 21세기의 현대인에게 맞는 비유와 언어로 되살린 『누구나 궁금한 33가지』가 한글, 영어, 중국어 3개국어로 출간되었다.
408쪽. 15,000원

37. 달마의 일할도 허락지 않는다
3개국어판 - 韓·英·中

대원선사의 짧고 명쾌한 법문집인『달마의 일할도 허락지 않는다』가 한글, 영어, 중국어 3개국어로 출간되었다. 전세계에서 유일하게 활선의 가풍이 이어지고 있는 한국, 그 가운데에서도 불조의 정맥을 이은 대원선사가 살활자재한 법문을 세계로 전하고 있는 책이다.
308쪽. 15,000원

38. 화엄경 (전81권)

대원선사는 선문염송 30권, 전등록 30권을 모두 역해하여 세계 최초로 1,463칙 전 공안에 착어하였다. 이러한 안목으로 대천세계를 손바닥의 겨자씨 들여다보듯 하신 불보살님들의 지혜와 신통으로 누리는 불가사의한 화엄세계를 열어 보였다.
220쪽. 각권 15,000원

39. 법성게 3개국어판 - 韓·英·中

법성게는 한마디로 화엄경의 핵심부를 훤출히 드러내놓은 게송으로 짧은 글 속에 일체 법을 고스란히 담아놓았다. 대원선사의 통쾌한 법성게 법문이 한영중 3개국어로 출간되었다.
376쪽. 15,000원

40. 정법의 원류

『정법의 원류』는 불조정맥을 이은 정맥선원의 소개서이다. 정맥선원은 불조정맥 제77조 조계종 전강 대선사의 인가 제자인 대원 전법선사가 주재하는 도량이다.『정법의 원류』를 통해 정맥선원 대원선사의 정맥을 이은 법과 지도방편을 만날 수 있다.
444쪽. 20,000원

41. 바로보인 도가귀감

도가귀감은, 온통인 마음〔一物〕을 밝혀 회복함으로써, 생사를 비롯한 모든 아픔과 고를 여의어, 뜻과 같이 누려서 살게 하고자 한 도교의 뜻을, 서산대사가 밝혀놓은 책이다. 대원선사가 부록으로 도덕경의 중대한 대목을 더하고, 그 대목대목마다 결문(決文)하였다.
218쪽. 12,000원

42. 바로보인 유가귀감

유가귀감은 서산대사가 간추려놓은 구절로서, 간결하지만 심오하기 그지없으니, 간략한 구절 속에서 유교사상을 미루어볼 수 있게 하였다. 대원선사가 그 뜻이 잘 드러나게 번역하고 그 대목대목마다 결문(決文)하였다.
236쪽. 15,000원

43. 바로보인 전등록 (전30권)

7불로부터 52세대까지 1,701명 선지식의 깨달음의 진수가 담긴 전등록 30권에 농선 대원 선사가 선리(禪理)의 토끼뿔을 더해 닦아 증득하는데 도움이 되도록 하였다.
288쪽. 각권 15,000원

농선 대원 선사 법문 mp3 주문 판매

* 천부경 : 15,000원
* 신심명 : 30,000원
* 현종기 : 65,000원
* 기우목동가 : 75,000원
* 반야심경 : 1회당 5,000원 (총 32회)
* 선가귀감 : 1회당 5,000원 (총 80회)

* 금강경 : 40,000원
* 법성게 : 10,000원
* 법융선사 심명 : 100,000원

농선 대원 선사 작사 CD 주문 판매

* 가슴으로 부르는 불심의 노래 1,2,3집
  각 : 1만 5천원
* 유튜브에서 채널 구독하시고 무료로 찬불가 앨범을 감상하세요

주문 문의 ☎ 031-534-3373

유튜브에서 채널 구독하시고
무료로 찬불가 앨범을 감상하세요

유튜브에서 MOONZEN을 검색하시거나
아래의 주소로 접속해주세요

http://www.youtube.com/user/officialMOONZEN